Suivre l'étoile...

Suivre l'étoile...

Récit

MAGALI GETREY

Révision linguistique et correction d'épreuve: Christine Rebours
Mise en pages: Alejandro Natan

À mon fils Allan, ma lumière

**Les quatre lois de la spiritualité,
leçons de sagesse, Inde**

La première loi dit :
« La personne qui arrive est la bonne personne »

La deuxième loi dit :
« Il s'est produit la seule chose qui devait arriver »

La troisième loi dit :
« Chaque moment est le bon moment »

La quatrième et dernière loi dit :
« Quand une chose est terminée, c'est pour de bon »

« S i tu n'es pas capable de supporter "ça", tu n'as rien à faire dans l'humanitaire... »

C'est de cette phrase empoisonnée que la directrice m'avait congédiée. Puis on m'avait délestée rapidement de mon ordinateur portable comme si on craignait que je ne parte avec tous les secrets qu'il recelait, et on m'avait invitée à quitter les bureaux de l'association au plus vite.

Les rues de Paris semblaient réfléchir ma honte quand je pris le chemin de la gare de l'Est en traînant derrière moi l'énorme sac nauséabond qui contenait toutes mes affaires. J'étais sidérée, seule, perdue. Je ne croyais plus en personne.

Je ne possédais plus rien : ni voiture, ni maison, ni argent. Et aucune perspective d'avenir, aucune envie. J'étais épuisée, détruite, sans un repère, pliée en deux par des douleurs intestinales chroniques. Je n'avais pas eu mes règles depuis trois mois, mes cheveux gras pendaient lamentablement autour de mon visage, et je sentais la transpiration des trois jours de voyage interminables que j'avais endurés pour rentrer de l'enfer.

Les gens me dévisageaient avec méfiance et changeaient de trottoir, comme si j'étais une clocharde dont on devait s'éloigner. Je m'en moquais tant j'avais la conviction profonde de ne pas mériter autre chose que leurs regards méprisants. J'éprouvais une glaçante culpabilité : on avait aisément mis en lumière mon incapacité. Je n'étais qu'un être fragile. J'avais échoué, failli. Je me sentais comme une criminelle condamnée à la peine maximale pour avoir osé donner son avis. J'avais cru naïvement à mon utilité et j'avais pensé avant tout me comporter en altruiste. Je m'étais trompé. J'avais vécu l'horreur de deux conflits armés avec une innocence enfantine façonnée d'orgueil et d'immaturité. Accepter ce monde de grandes personnes qui tue, viole, et impose des choix inhumains n'était pas dans mes capacités.

J'avais envie de mourir.

AVANT

J'ai quitté mon village natal à l'âge de dix-sept ans. Après un baccalauréat scientifique, je souffris une année de classe préparatoire angoissante et solitaire dans le sud de l'Alsace, à deux cents kilomètres de chez moi. Puis je partis encore plus loin pour intégrer une école supérieure de commerce dans le nord de la France. J'y achevais une formation de haut niveau en management de trois ans et m'attelais immédiatement à la recherche d'une position au Grand-Duché de Luxembourg. J'arrivais à l'époque du plein emploi, et je ne tardais pas à me voir proposer plusieurs postes à responsabilité. Je choisis celui qui me semblait le plus complet et qui me permettrait de pratiquer à la fois la gestion financière et la vente internationale, dans un secteur d'hommes et de terrain : celui du négoce d'engins de terrassement. Je rejoignis ainsi une toute petite entreprise de l'autre côté de la frontière avant même la cérémonie de remise des diplômes. Mon désir de devenir enfin autonome cognait très fort dans ma poitrine. Je renonçais aux vacances que mes compagnons de promotion organisaient pour dire adieu à notre vie dorée. J'avais pour ma part la conviction que je n'avais pas de temps à perdre.

Mon travail se mua rapidement en passion. Non seulement je pouvais pratiquer quotidiennement et utilement les trois langues que j'avais apprises, mais je rencontrais également des gens originaires de tous les pays du monde. Ces derniers me faisaient voyager des États-Unis, en Australie en passant par l'Allemagne d'où provenaient pour la plupart les machines échangées. Je maîtrisais peu à peu toutes les ficelles du métier et obtenais la signature de contrats à sommes vertigineuses. Les négociants que je croisais lors de ventes aux enchères ou de cocktails me prenaient pour une sorte d'extraterrestre. Mon extrême jeunesse s'amusait follement du regard de ces hommes d'âge mûr. Je savourais le plaisir d'être une femme désirable dans un monde masculin et n'avais de cesse de prouver mes compétences professionnelles que je renforçais continuellement en travaillant jour et nuit sans jamais m'accorder de vacances. J'aimais entendre dire des admirateurs de mon corps mince et harmonieux d'alors que je « brillais » comme une étoile, portant constamment sur les lèvres un sourire malgré le stress et la fatigue des tâches que j'abattais comme trois personnes. Mon salaire augmentait régulièrement et je bénéficiais d'avantages chaque mois plus indécents qui m'encourageaient à des délires sans limites. Je compensais la reconnaissance matérielle de mes employeurs confiants par un excès toujours plus grand de travail que j'estimais leur devoir.

J'exultais des nombreux voyages qui m'étaient permis, et non contente de m'absenter toute la semaine de France, je reprenais l'avion le week-end en direction des plus belles capitales européennes. Ces déplacements fréquents me renforçaient dans la certitude d'avoir trouvé ma voie : j'adorais aller à la rencontre des cultures les plus diverses, j'aimais par-dessus tout éprouver l'ivresse de la transition entre deux mondes que procurent les vols long-courriers.

Je conduisais outrageusement une *Audit* A4 dernier cri que je poussais à plus de deux cents kilomètres à l'heure sur les autoroutes allemandes et belges. Je portais systématiquement un téléphone à mon oreille droite et des lunettes de soleil *Ray-Ban* sur le nez, le carré blond de chez *Dessange* au vent. Je connus les meilleures tables de la Grande Région[1], les mets les plus fins, les vins les plus prestigieux, le tout sans l'ombre d'une modération. Il me semblait enfin jouir de tout ce que je méritais après une enfance triste, comme si pour conclure, je tenais ma victoire sur l'humiliation que la pauvreté causée par le départ précoce de mon père avait fissurée en moi. Ma joie d'exister et mon enthousiasme séduisaient et je multipliais à outrance

---

1. La Grande Région est un groupement européen de coopération territoriale composé des régions de La Sarre et de Rhénanie-Palatinat (Allemagne), de la Fédération Wallonie-Bruxelles (Belgique), de la Lorraine (France) et du Grand-Duché de Luxembourg.

les romances les plus variées. Je vivais mon complexe d'Œdipe avorté dans des relations d'une nuit impossibles avec des hommes mariés bien plus âgés que moi, mais je voulais malgré tout croire à l'amour. Mon corps triomphait dans un excès de sexe que je n'essayais même pas de contrôler.

Je fêtais ma première année de vie professionnelle en m'offrant un appartement. J'optais pour un deux-pièces d'une cinquantaine de mètres carrés en plein centre de Metz. Même si cela m'éloignait considérablement de mon entreprise, je ne pouvais pas concevoir d'acheter un bien hors de prix dans un village-dortoir proche de la frontière – j'aurais eu le sentiment de m'enterrer définitivement. Je gérais seule les ouvriers du chantier de rénovation tout en passant de longues heures sur les routes pour rejoindre et quitter le Luxembourg chaque jour. Je me levais à cinq heures pour éviter les grands flux de circulation et ne rentrais jamais avant vingt heures. J'acceptais ces sacrifices qui me paraissaient justes, car si je prétendais au droit d'être propriétaire de mon logement à vingt-deux ans, il me semblait normal d'être digne ce privilège par un travail redoublé. Ma vie sociale ressemblait au désert de Gobi. Je passais mes soirées au volant et arrivais épuisée à Metz, aussi je refusais toutes les invitations qui du coup s'espaçaient, je ne côtoyais plus mes camarades lorrains d'avant. Je n'avais plus le temps pour ces choses de l'amitié que je considérais comme inutiles. Je contemplais ma solitude avec une certaine satisfaction dans ma salle de bain en porcelaine italienne. J'allais parfois suivre un cours de fitness dans un club proche de chez moi ouvert la nuit, mais les hommes et les femmes que j'y rencontrais me semblaient terriblement ennuyeux dans leur petite vie tranquille et sans ambition. Je revoyais de temps en temps mes amis d'école de commerce lors de week-ends exceptionnels à Paris ou Toulouse, mais je ne savais pas à quoi ressemblaient mes voisins de palier et c'était bien là la dernière de mes préoccupations.

Pétrie d'illusions et d'arrogance, j'étais convaincue d'être arrivée au paroxysme du bonheur. Je baignais dans les certitudes et le désabusement. J'étais une jeune nouvelle riche prétentieuse et insupportable. Je recherchais bien sûr secrètement un homme qui m'aimerait et avec qui j'aurais pu construire une relation durable. J'aurais abandonné pour lui sans hésiter mes multiples liaisons, mais pendant plus de quatre ans, je n'aperçus pas l'ombre d'une âme sœur.

*J*e fis connaissance de Gilles chez moi.

C'était le mois de février. Je rentrais juste d'un séjour fascinant au Mexique où j'avais expérimenté des aventures incroyables à sillonner la jungle et la plage en jeep, et à manger du guacamole frais dans la maison d'autochtones qui ne vivaient de rien. J'y avais également rencontré de jeunes gens insouciants de ma génération dont le travail consistait à faire chanter, danser et rire, chaque saison dans un nouveau pays. Leur liberté et leur manque de sérieux m'avaient profondément bouleversée et leur visage bronzé et épanoui avait semé un doute immense en moi. Ils diffusaient l'évidence que leur avenir rayonnait devant eux et ils prenaient le temps de profiter de chaque instant en attendant de se ranger un jour, peut-être. Le retour à mon existence effrénée, excessive et irréfléchie de cadre supérieur à Luxembourg fut extrêmement compliqué.

J'avais improvisé une soirée avec des amis de l'école pour me remonter le moral et leur raconter mon voyage. Ils m'avaient demandé si je n'étais pas opposée au fait qu'ils viennent accompagnés, et ils s'étaient présentés avec un couple de notre âge qu'ils fréquentaient à Reims. Je détestai l'arrogance du nouveau venu au premier regard. Fort en gueule, agressif, manipulateur et excessif, il affichait un égoïsme évident. Il tyrannisait sa jeune petite amie en se moquant d'elle dès qu'elle ouvrait la bouche. Une grande beauté émanait cependant de sa personne tonique et souriante. Quelque chose dans ses yeux bleu sombre, presque violets, me toucha. Je perçus une colère en lui, cela ne pouvait signifier qu'une immense fragilité maladroitement déguisée. Je tentais de l'éviter toute la soirée, mais il me poursuivait, m'invita à danser en discothèque, me saisit la main tandis que nous rentrions sous la pluie prendre un dernier verre à la maison. Il riait et chantait constamment en murmurant au creux de mon oreille que j'avais de beaux yeux, qu'il avait trouvé en moi ce qu'il recherchait chez une femme et que son bonheur de m'avoir rencontrée le rendait léger. Sa joie de vivre semblait sincère, surtout après plusieurs rasades de vodka. Un baiser qu'il me volait dans la salle de bain avant de partir entérina le commencement de notre histoire. Je ne le croisais pas pendant quatre mois, mais je pensais à lui continuellement dans l'effervescence qui accompagnait chaque victoire de l'équipe de France de football lors de la Coupe du monde de mille neuf cent quatre-vingt-dix-huit. Il sonna chez moi mi-juillet, quelques jours après la finale, et cinq minutes suffirent pour que nous tombions passionnément dans les bras l'un de l'autre. Après une semaine magique, il rentra à Reims pour travailler, et je décidais de nous offrir un week-end à Rome. Puis nous partîmes à Barcelone, à Montréal. Nous étions devenus comme deux doigts d'une même main, amoureux fou.

En août, je pris la route vers l'Espagne avec ma mère que j'avais promis de longue date d'accompagner en vacances. De là, je tentais à plusieurs reprises de contacter Gilles, mais personne ne répondait chez lui. Inquiète, je laissais des dizaines de messages en me ruinant en téléphone. Il me rappela un jour et m'envoya une bombe odieuse à l'oreille : il m'avait trompée lors de sa dernière sortie en boîte de nuit, il ne voulait plus me voir, c'était fini entre nous. Je hurlais mon désespoir dans la Méditerranée – j'avais envie de me noyer. Rien ne pouvait me consoler, et j'avais soif de toute la sangria d'Espagne. Même les beaux bruns de la Costa Brava ne m'intéressaient pas.

Je repris mon travail à Luxembourg dans l'espoir d'oublier. Quelque chose s'était brisé en moi, mais je devais aller de l'avant. Je ne pouvais pas rester toute la journée à attendre un appel ou un revirement qui ne viendraient pas. Il était de toute façon trop tard. Je multipliais les excès et acceptais quelques aventures beaucoup trop conséquentes, dont une avec mon responsable. Mes fragiles limites avaient sauté et ma vie était devenue une immense confusion. Je ne me respectais plus, je ne savais plus qui j'étais, ce que j'accomplissais n'avait aucun sens. Je passais trois mois ainsi à naviguer dans le brouillard, le cœur déchiré.

Mon téléphone sonna un jeudi soir, alors que je rentrais chez moi après un jour à nouveau trop arrosé entre le restaurant de midi et le verre de fin de journée au bureau. C'était Gilles. En pleurs. Il venait d'enterrer sa mère et dans la foulée, d'avaler un litre de whisky. Puis il avait pensé à moi, et s'était dit qu'en y réfléchissant, j'étais la seule personne qu'il avait envie d'appeler. Je bifurquais sur l'autoroute avant Metz en direction de Paris et Reims...

Nous nous vîmes ensuite chaque week-end, alternativement en Lorraine ou chez lui. Il m'avoua qu'il avait eu peur de notre relation et je n'ai jamais réussi à savoir s'il m'avait effectivement trompée ou non. Il me dit en pleurant que j'étais la seule femme qui comptait pour lui maintenant que sa mère était partie, et qu'il voulait que je lui donne des enfants. Je le crus naïvement et sans aucune concession. Il était de toute façon devenu une addiction pour moi et ma vie sans lui s'était transformée en n'importe quoi. Je n'avais pas les moyens de lutter, j'acceptais de prendre ce qu'il consentirait à m'offrir.

Il passa le Nouvel An à Metz. Nous décidâmes que nous ne pouvions pas vivre l'un sans l'autre juste après minuit. Début février, soit un an après notre premier baiser volé, il s'installa chez moi.

Nous remplîmes les mois qui suivirent de voyages et de rencontres. Nous partîmes explorer la magnifique île du Sri Lanka qui venait tout juste d'ouvrir des séjours touristiques après une guerre civile longue et sanglante. Nous découvrîmes le bouddhisme et la gentillesse d'un peuple incroyablement curieux et accueillant. Nous savourions avec délices l'air humide et tropical en dégustant sans modération un alcool de noix de coco entêtant. Nous nous réjouissions de tout ensemble et chaque instant sur cette île m'enchantait. En rentrant de ce séjour, je décidais de changer de travail. Je n'acceptais plus le stress ni la montagne de tâches qui m'attendaient chaque matin sur mon bureau. J'avais envie de me détacher de la reconnaissance malsaine qui me liait à mon patron. Je ne supportais plus les attaques constantes de mon chef qui ne prenait pas ma relation amoureuse au sérieux et qui aurait bien continué à s'amuser de moi. Je ne tenais plus le regard concupiscent des négociants, la lourdeur de leurs propos d'hommes qui tenaient à montrer leur réussite et le dédain qui se devait de l'accompagner. Ils ressentaient si peu de considération pour les femmes en général et éprouvaient une telle facilité à duper la leur que cela me glaçait. Je méprisais l'existence de ma collègue de bureau, jeune mariée qui trompait son époux sans même le lui cacher, et elle me rendait ce dédain au centuple. Je ne trouvais plus ma place dans cette ambiance sordide de leurre, de jouissance futile, d'argent trop aisément gagné et aussi vite dépensé, d'arrogance et d'individualisme. Le confort et le niveau de rémunération que j'avais acquis à mon âge représentaient un lourd handicap, car la barre de mes impératifs financiers était très élevée et entravait ma liberté de choix. Au-delà de tout cela, le Sri Lanka et ses habitants m'avaient communiqué le besoin de donner un sens à ma vie professionnelle.

Un séjour enchanteur en Ardèche nous poussa à acheter une bergerie que nous avions repérée dans une agence immobilière et visitée sur un coup de tête. Le prix demandé pour ce havre de paix entrait dans nos critères, et nous avions les moyens d'investir puisque nous travaillions tous les deux au Luxembourg. Cet infime Eden perdu au milieu des Cévennes, surplombant la rivière et peuplé d'oiseaux et de grillons, devint une nouvelle passion commune. Nous passions nos week-ends et nos vacances à vider et restaurer cette petite cabane en pierre de taille, isolée de la civilisation, sans électricité ni eau chaude. La débroussailleuse tournait à plein régime. Malgré cela, nous ne parvenions pas à venir à bout de la végétation luxuriante. Ce coin de France était le paradis des ronces. Les cascades à profusion et le soleil généreux rendaient la terre désespérément fertile. Le terrain que nous avions acheté avec la maison possédait une forêt, des arbres fruitiers en tout genre – châtaigniers, cerisiers, noyers, poiriers, pruniers, figuiers – et plongeait dans le Chassezac, une des trois rivières du département. Je me sentais ici heureuse comme nulle part, immergée dans cette nature pourtant rude et sans confort, où chaque geste de la vie quotidienne devait être anticipé, car le commerce le plus proche se trouvait à une vingtaine de minutes de route. Je m'y réveillais remplie d'une énergie sauvage qui rendait mes retours vers la Lorraine puis mes trajets vers le Luxembourg plus difficiles encore. Je rêvais d'une existence calme et sereine, ailleurs, au milieu des arbres et au bord d'une rivière, à élever des chèvres, fabriquer du fromage. Je pourrais cultiver des légumes que je vendrais au marché du village, tandis que mes enfants bronzés couraient sur les chemins en riant. J'inventais toutes sortes d'activités que je pourrais créer dans le secteur du tourisme, comme la location de canoës, l'ouverture d'un camping sur notre immense terrain, la reprise d'une pizzéria ou d'un gîte... Mon imagination s'affolait et je ne contenais plus mon enthousiasme. Alors que tout me semblait possible, la peur, les crédits et le besoin de reconnaissance et de réussite me retenaient. Je continuais donc à m'épuiser sur la route et à mener de front deux vies contraires. Je m'en voulais de ne pas parvenir à me décider. Mes recherches d'un nouvel emploi n'avançaient pas et je travaillais mécaniquement, sans passion, uniquement par nécessité.

*U*n week-end prolongé à Capri sonna le glas de notre période heureuse.

Ensuite, Gilles commença sa tâche de destruction pour ne plus jamais cesser. Du jour au lendemain, sans raison particulière, j'étais devenue sa bête noire, l'ennemi à abattre, l'animal à poursuivre. Il me contredisait systématiquement et me rabaissait à chaque instant, chez nous, au restaurant, devant nos amis, dans notre famille. Je ne trouvais plus jamais grâce à ses yeux, agissais toujours à l'opposé de ce qu'il souhaitait. Nos disputes récurrentes m'épuisaient, car ma fierté m'exhortait à ne rien lâcher face à lui, à ne pas céder. Je ne comprenais pas ce qui avait pu provoquer le courroux et la rancœur qu'il me jetait au visage. Ce que nous avions vécu ensemble ne pouvait pas juste disparaître et l'amertume et le mépris tout effacer ! L'Ardèche et les voyages étaient devenus de lointains souvenirs et j'allais jusqu'à me demander si je n'avais pas rêvé tout cela. Tout avait basculé si rapidement, je n'avais rien vu venir, rien senti.

Je rejoignais Gilles tous les soirs au bar en bas de chez nous en rentrant du bureau. Ce sordide café était un terrain plus neutre que notre foyer, véritable champ de bataille permanent. J'avais besoin de me confronter à lui, et de comprendre, je voulais croire que cette situation allait s'arranger en m'armant de patience. Nous commandions des chopes de Picon bière que nous prenions en compagnie de rêveurs cabossés par la vie qui, sans doute, nous rassuraient sur le fait que notre existence n'était pas si désespérée. Les doses d'alcool augmentaient fatalement semaine après semaine, mais ces quelques heures quotidiennes à boire incarnaient tout ce qui restait de nous. Après quelques verres, je n'avais plus la force de me battre, et les insultes glissaient sur moi au lieu de me blesser. J'ai évidemment grossi et j'ai fini par me trouver laide, ce que Gilles me confirmait de son regard supérieur. Ma vie ne m'appartenait plus, et un soir, je renonçais à combattre quand, au cours d'une dispute d'une violence inouïe, la télévision faillit passer par le balcon. Je me recroquevillais et me laissais détruire, déposséder de moi-même, de mes rêves, de mon estime de moi. J'aurais dû fuir à toutes jambes, mais je croyais l'aimer, alors je restais et subissais les coups bas et les humiliations. En dehors de mes comparses alcooliques du bar et de mes collègues de travail, je ne côtoyais plus personne. Je m'éteignais chaque jour un peu. Je me réveillais chaque matin une nausée épouvantable chevillée au corps, le dégoût de ma vie plus ancré en moi que la veille. Gilles retournait de plus en plus souvent en Champagne s'amuser avec ses amis, évidemment sans me proposer de l'accompagner. Je le dérangeais. Ou bien il avait honte de moi. Ou il allait rejoindre quelqu'un et il ne souhaitait pas ma présence. Je ne comprenais pas la raison de ce rejet, j'en souffrais terriblement, me sentant sale et abandonnée au lieu d'en profiter pour m'aérer, voir du monde.

Après chaque dispute et chaque week-end passé loin de moi, il revenait le sourire aux lèvres en affichant l'air condescendant et hautain de celui qui pardonne malgré tout à un enfant trop gâté. Il me dominait de son emprise toxique, et je vivais dans l'incapacité de le quitter. Je retrouvais l'espoir à chaque réconciliation et finis par être persuadée que c'était moi la seule coupable de ce qui m'arrivait, et que je ne méritais pas plus.

Nous sommes partis en vacances dans les Caraïbes cette année-là, sur une île prétentieuse et fausse. Je lançais une dernière bouteille à la mer pour tenter de sauver ce qui restait de notre histoire... Je lui proposais un soir d'aller manger des langoustes, mais il avait prévu de dîner avec des filles qu'il avait rencontrées sur la plage plus tôt dans la journée. Il me cracha au visage que je ne faisais que lui gâcher son séjour, puis déserta notre chambre avec grand fracas. Au-dessus d'un océan déchaîné cette nuit-là, tout au bout de la jetée sur laquelle j'avais fui pour pleurer sa méchanceté, je décidais de le quitter dès notre retour en France. Je versais toutes les larmes de mon corps à l'idée de cette rupture, pourtant le temps était largement venu : j'avais vécu deux ans en enfer.

*L*e destin m'attendait au détour du chemin.

Mon patron avait racheté une petite entreprise de transport du côté de la frontière française. Je m'étais chargée de toutes les démarches administratives et financières de la création de la nouvelle société qui devait faire gagner encore plus d'argent à mon chef. Pour le coup, il était parti fêter cela dans le sud de la France avec sa famille et nous avait royalement conviés à organiser un barbecue pour que nous fassions connaissance avec l'équipe qui venait de nous rejoindre. Le vin coula à grands flots et il ne restait pas grand-chose dans la bouteille de schnaps quand je repris l'autoroute vers Metz à dix-sept heures. Je perdis le contrôle de mon véhicule après quelques kilomètres en cherchant un disque de la Compagnie créole dans ma boîte à gants. Ma voiture heurta la rampe centrale et partit en tonneaux vertigineux sur la chaussée. Elle finit sa course de plein fouet dans un mur. L'accident avait duré moins d'une minute. La rapidité et la violence de ce qui se passait m'avaient sidérée, et je m'agrippais au volant par réflexe tandis que les airbags et ma ceinture de sécurité me plaquaient au fond de mon siège. Je n'ai pas vu ma vie défiler, je ne ressentais aucune peur, le temps s'écoulait comme en apesanteur. Je me répétais cette question ridicule : *quand est-ce que cela va s'arrêter de tourner ?*

L'engin de mort s'immobilisa, et je me hâtai de sortir par la fenêtre de crainte d'une explosion. Puis, le plus calmement du monde, je me dirigeai vers la borne de secours pour prévenir les pompiers. Enfin, je me postai au bord de la route en faisant signe aux autres véhicules de ralentir. Quand les gendarmes arrivèrent sur les lieux, je me retournai et regardai pour la première fois ce qui restait de ma voiture. Le pare-brise avait éclaté et le toit de l'habitacle était entièrement enfoncé, sauf du côté conducteur où j'étais assise. J'avais perdu deux roues, et le triste gâteau que j'avais récupéré de notre repas avait traversé la voie et gisait sur la chaussée opposée. Les policiers eurent pitié de moi et m'épargnèrent miraculeusement de souffler dans leur ballon. La dépanneuse arriva et l'autoroute fut dégagée. Je montais à l'avant du camion et à ce moment précis, mes nerfs lâchèrent.

Je partis me réfugier chez ma mère. Mes jours n'avaient plus aucun sens. Mon médecin m'avait prescrit des somnifères que je prenais à intervalles de quatre heures. Je dormais. Je revenais à la conscience. Puis je retombais dans le sommeil comme on plonge dans le vide.

Mon naufrage a duré deux semaines au cours desquelles je ne quittais pas le lit. Tout but m'avait désertée et j'étais anéantie d'avoir détruit la voiture de mon employeur, de ne pas pouvoir aller travailler. J'avais trahi, j'étais punie. J'avais envie de m'enterrer, je me sentais terriblement honteuse et coupable. Gilles avait disparu du paysage, chassé par son incapacité à gérer cette situation dramatique dans laquelle je ne voulais lui laisser aucune place. De la part des membres de l'équipe, des clients, des fournisseurs, je ne recevais aucune nouvelle, aucun mot d'encouragement. Je subissais la lourdeur pénible du mépris envers celui qui a failli.

J'avais surtout la conviction profonde que de mon existence ne naissaient que stérilité et mensonge, que je n'étais qu'une pauvre prétentieuse, une pure égoïste. Que je ne servais à rien! Et plus que tout autre sentiment, je me sentais indigne de vivre.

*L*a vie m'a retrouvée un matin. Les oiseaux étaient nombreux dans les arbres et leur chant joyeux m'a réveillée doucement, puis rempli le cœur d'une furieuse envie de repartir. Je décidais de reprendre la route sur-le-champ vers le bureau pour assumer mes responsabilités et en finir avec la lourdeur coupable qui m'étouffait en affrontant la réalité. J'y retrouvais des collègues silencieux et désapprobateurs – presque déçus de me voir, me semblait-il.

Je contactais l'assurance du véhicule, et m'occupais de tous les papiers pour le remboursement : la société ne perdrait pas un centime et serait même gagnante de mon méfait. Je contemplais ensuite avec découragement les piles de lettres, synonymes de problèmes à régler accumulés pendant mon absence. Personne n'avait ouvert un courrier ni tenté de m'avancer un peu. Je travaillais quelques heures en silence, puis repris la route vers mon appartement. Ces quelques heures m'avaient épuisée. Gilles lisait un magazine sur le canapé, taciturne et étonné de me voir rentrer chez moi. Je le saluais à peine, avalais un somnifère et me couchais sans manger. C'était assez : j'avais déjà réussi à franchir une étape et à retourner parmi les vivants après une longue traversée du désert, inutile d'en vouloir trop.

Le lendemain était un samedi et je décidais d'aller acheter les journaux d'offres d'emploi que j'épluchais en prenant mon petit-déjeuner sur la terrasse ensoleillée d'un bar au centre-ville. Je ne savais plus à quoi j'aspirais professionnellement parlant, mais je souhaitais ne rien me refuser. J'avais l'absolue certitude que je devais démissionner sans quoi je perdrais à jamais le respect de moi-même. Les positions à l'étranger qui me semblaient une promesse de recommencer de zéro m'attiraient particulièrement. Une annonce retint notamment mon attention, m'effrayant et me fascinant à la fois : le poste consistait à gérer l'administration, les finances et les ressources humaines pour une organisation de solidarité internationale qui menait des projets d'urgence dans les Balkans. J'avais vaguement entendu parler de la guerre civile sanglante en cours dans cette région d'Europe quelques mois auparavant, mais j'aurais eu du mal à situer la Macédoine ou le Kosovo sur une carte.

Le désir fou de changer complètement d'existence a fondu sur moi, mon cœur se remit à battre violemment. Le monde autorisait des milliers de façons de gagner un salaire, hors des sentiers battus et des rémunérations à rallonge du marché luxembourgeois. Je décidais de postuler immédiatement à une dizaine d'offres. Avoir failli mourir ne me permettait plus d'hésitation. Je n'avais plus la force de me mentir, de me convaincre à continuer comme avant. Ma vie aurait pu s'achever sur le bitume sans que personne s'en préoccupe. Pire j'aurais pu devenir lourdement handicapée, dans l'indifférence de tous, à commencer par celle de mon soi-disant petit ami qui me persécutait. Je ne voulais plus du stress de mon métier, de l'épuisement de cette route infernale qui menait tous les jours vers le Luxembourg. En la prenant chaque matin, j'avais l'impression de plonger au cœur d'une mine interminable. J'étais tout sauf obligée d'accepter cela. Je pouvais renoncer, simplement, aller voir ailleurs. Je possédais un bon bagage intellectuel, j'avais eu la chance de rester en bonne santé, et je n'avais pas besoin de gagner un salaire de ministre avant même d'avoir commencé à vivre. Je devais continuer à rêver, il était trop tôt pour oublier mes aspirations.

De retour dans l'appartement désert, j'écrivis ma lettre de démission d'une main ferme. Je décidais de la remettre en mains propres à mon chef plutôt que d'user de la lâcheté d'un envoi postal. Je fêtais ce geste symbolique en m'autorisant quelques coupes de champagne qui m'assommèrent puis plongeais dans les nimbes d'un sommeil chimique.

Alors que je me réveillais le lendemain, Gilles ronflait bruyamment à mes côtés. Je ne l'avais pas entendu rentrer, mais ce à quoi il occupait ses nuits ne m'intéressait plus. Je me douchais en souriant et pris un bon petit-déjeuner à la lumière d'un soleil éclatant qui inondait la cuisine de mon petit appartement. Je m'apprêtais à partir chez ma mère, à la campagne, quand il s'est levé, portant sur la figure les traces d'une soirée trop arrosée. Il ne me salua pas en passant devant moi pour se rendre à la salle de bain – la mienne, puisqu'il ne payait même pas de loyer! Et tout d'un coup, je vis rouge. Son unique présence, son visage, sa voix, tout de lui m'était devenu insupportable. Je ne pus subitement plus accepter sa manière de me reprocher le vide de sa vie et sa fatigue, sa façon de me culpabiliser de mes moindres gestes pour bien me signifier qu'ils tuaient sa liberté. Il me faisait comprendre continuellement que seule la pitié qu'il éprouvait pour moi le persuadait de rester, pour mon bien. Je ne pus plus envisager de nouvelles mesquineries et bassesses, je ne supportais plus son mépris. Quand il ressortit des toilettes, je lui dis calmement que je voulais qu'on se quitte et qu'il s'en aille de chez moi. Il m'a regardé d'un air sans expression, puis est retourné se coucher.

Alors que je rentrais chez moi le soir après une belle journée en plein air, il avait disparu. Soulagée et anéantie à la fois, je cédais à une bouteille de rhum brun cubain qui m'assomma. Un somnifère me fit sombrer dans le sommeil jusqu'au lendemain matin. Aussitôt réveillée, je partis vers le Luxembourg sans même prendre un café. Un étrange calme m'avait envahie et ne me quitta pas quand je donnai ma lettre de démission à mon patron. Je vis un éclair dans ses yeux au moment où il prit connaissance de mon courrier – fureur ou surprise, je ne le saurais pas, car il ne m'adressa plus jamais la parole. Je retournai dans mon bureau et commençai sereinement la mise à jour de tous mes dossiers en retard. Ma décision semblait désormais inéluctable, et la vie s'ouvrait pleinement devant moi, riche de toutes les promesses du monde.

Mon préavis courrait pendant deux mois, qui ne seraient pas de trop pour préparer mon remplacement. J'étais devenue une pierre angulaire de l'entreprise, bonne ouvrière multitâches et bourreau de travail exploitable à souhait, trilingue, à la fois commerciale internationale et directeur financier. On supprima tous mes avantages au cours des jours qui suivirent. Mon choix dérangeait profondément, ce qui me confortait dans l'idée que ce milieu n'était pas le mien. J'avais gagné une confiance en moi et une belle énergie positive me remplissait. J'avais la conviction d'avoir pris la seule décision possible. Je cessais de boire compulsivement, gardant quelques bouteilles pour des occasions festives, et mon moral remonta en flèche. Je pilotais à nouveau mon existence, c'était tout à la fois dur et merveilleux. Gilles n'avait pas cherché à me revoir, encore moins à me faire changer d'avis. Il avait emporté ses affaires (et mesquinement une partie des miennes) et avait disparu du jour au lendemain, oubliant au passage quelques factures qu'il ne paierait jamais. Je pris toute la mesure de la position dérisoire que j'avais occupée dans sa vie, et décidais farouchement de ne pas me laisser anéantir par le puissant sentiment d'abandon que je sentais cogner à la porte de mon cœur brisé. J'étais seule. Je passais mon temps libre à la campagne et me ressourçais à l'odeur humide des racines de mon enfance.

La roue de mon existence a fini par s'arrêter de tourner sur l'option à la fois crainte et convoitée : l'organisation qui proposait une place de contrôleur de gestion pour ses programmes dans les Balkans souhaitait me rencontrer de toute urgence. Je devais accepter de partir rapidement. L'entretien d'embauche eut lieu à Paris un dimanche après-midi. L'éclatante lumière orangée du ciel me brûla les rétines quand j'émergeai dans le quartier de l'Opéra ce soir-là à l'issue de l'échange avec la direction des ressources humaines. J'étais certaine d'avoir obtenu le poste. Mon cœur cognait à se briser à l'idée d'une expatriation prochaine vers une nouvelle vie que j'avais sans doute pour la première fois choisie moi-même.

écider de partir est une chose, tout quitter en est une autre. Je ne négociais même pas le salaire qu'on m'offrait – misérable et qui ne m'autoriserait qu'à couvrir mes emprunts immobiliers – car c'était le cadet de mes soucis.

Les semaines suivantes passèrent avec une densité déconcertante, et pourtant tout s'enchaîna parfaitement. Je trouvais en quelques jours un locataire pour mon appartement, déménageais mes affaires dans un garde-meuble, vendis ma voiture, transférais tous mes comptes bancaires du Luxembourg vers la France. Je rachetai par procuration la part de Gilles sur la petite bergerie ardéchoise qu'il ne pouvait plus se permettre de rembourser et dont ne voulait pas entendre parler sa nouvelle malheureuse conquête. Je mis à jour mes contrats d'assurance, réglai les dernières factures en suspens et, finalement, m'offris un grand sac à dos et réservai mon billet de train pour Roissy – tout en finissant proprement mon travail à Luxembourg.

Je riais tous les jours et m'ouvrais à une vie sociale neuve. Je rencontrais par l'intermédiaire d'une amie un artiste espagnol talentueux qui tomba amoureux de moi au moment même où je lui annonçais que je quittais le pays pour au moins six mois. Notre coup de foudre passionné dura jusqu'à mon départ. Je vivais chaque seconde avec une acuité saisissante.

Ma décision de tout laisser derrière moi n'avait pas encore pour but un altruisme quelconque. Pour tout avouer, je ne connaissais rien au travail des ONG et m'y intéressais très peu, même si je sentais que sous ce mot se cachait un monde fascinant. Pendant ces semaines de libération, je me concentrais sur l'incroyable aventure qu'était celle de m'en aller et de larguer les amarres.

Mon préavis s'est enfin achevé et personne ne me salua quand je quittais l'entreprise que j'avais pourtant tant aimée, et qui m'avait tant appris. Quel crime j'osais ainsi : « les » abandonner ! Je remballais les bouteilles de champagne que j'avais amenées pour mon pot de départ et décidais de les boire en solitaire.

La veille de mon envol pour la Macédoine, j'ai verrouillé la porte de mon appartement vide avec le sentiment de fermer définitivement la première grande parenthèse de ma vie. J'avançais désormais sur un chemin où l'on n'allait pas. J'étais seule à bord du vaisseau.

Le lendemain, je pris le train pour Paris sans regarder derrière moi, toutes mes affaires rassemblées dans mon sac qui pourtant me semblait léger comme l'air.

C'est à cet instant précis que tout a commencé.

BALKANS

*T*out était violence.

En contrebas de la seule rue commerçante de Mitrovica-Nord au Kosovo se déploie le trop célèbre pont principal ou *Main Bridge*. Reconstruit juste après la guerre par la KFOR[2] française, il permet de traverser la rivière Ibar pour aller de la partie septentrionale de la ville peuplée de Serbes et de Roms au sud, habité presque exclusivement par des Albanais. Ce serait un bel ouvrage – on dirait un papillon translucide qui déploie ses ailes bleues – si des chars, des barbelés, et des militaires armés ne l'occupaient pas perpétuellement. Le fantôme des centaines de combattants de tous bords qui y avaient trouvé la mort sous les balles des kalachnikovs le hantait.

Les piétons l'empruntaient occasionnellement, car les contrôles étaient musclés et personne n'avait vraiment envie de savoir ce qui se passait du côté opposé. Seules les voitures de la KFOR, de la MINUK[3], des agences des Nations unies et de très nombreuses ONG traversaient de temps à autre.

Une ambiance électrique régnait à ses abords. Les « Bridge Keepers[4] » qui déambulaient jour et nuit par groupe de cinq, une main sur leur arme et l'autre sur un éternel paquet de cigarettes, surveillaient étroitement l'ouvrage. De temps en temps, ces miliciens d'une période disparue stoppaient leur guet pour s'accouder au bar *Dolce Vita* et y commander une bière locale. Des baies vitrées grandes

---

2. KFOR : Kosovo Force. Ainsi sont désignés les soldats de l'OTAN chargés de maintenir la paix au Kosovo après la guerre.

3. MINUK : Mission intérimaire des Nations unies au Kosovo, agence qui a temporairement remplacé les administrations kosovares totalement démantelées par la guerre du Kosovo.

4. Traduction littérale « Gardiens du pont ». Il s'agit d'une milice paramilitaire qui s'est donné pour mission de surveiller le pont et de protéger la population qui vit au Nord.

ouvertes de ce café très à la mode, on pouvait entendre tantôt une musique balkanique et nostalgique assourdissante, tantôt le déchaînement d'un artiste européen provocant. Ce répertoire improbable montrait à lui seul l'hésitation entre deux mondes qui dominait la société balkanique d'après la guerre, déchirée entre tradition, Orient et islam d'un côté, et Europe, modernité et liberté de l'autre. Sur la place adjacente au bar, un étrange commerce de location de petites voitures motorisées affichait complet lors des chaudes soirées. Peu de distractions étaient offertes à l'enfance serbe de Mitrovica privée de tout mouvement en dehors de son quartier à moitié détruit par les roquettes et les bombes.

Durant cette période qui a immédiatement suivi le conflit, les Occidentaux avaient envahi le Kosovo. Les Casques bleus affichaient une présence oppressante, et chaque pays était assigné à une tâche en particulier. Les Français surveillaient le pont principal, aussi la langue française se pratiquait dans presque tous les restaurants de la ville. L'image donnée de la France faisait frémir quand certains militaires ivres abandonnaient leur devoir de réserve et se lançaient dans des propos racistes et haineux au sujet des « sauvages » qui habitaient la province.

Puis, on croisait les fonctionnaires des Nations unies, déployés au Kosovo pour remédier au démantèlement de l'administration centrale de la région. Absolument inefficaces et terriblement imbuvables, leur occupation préférée était de brûler de l'essence au volant de leurs Jeeps blanches indécentes décorées de l'imposant logo noir « UN[5] ». Ces maîtres de l'univers d'un genre nouveau qui passaient tous les postes de contrôle sans être arrêtés géraient des budgets démesurés destinés à favoriser le retour des déplacés et aider à la réconciliation. Leur discours chargé de supériorité et de prétention et rempli de belles phrases et de concepts ineptes faisait mal aux oreilles. Ils dépensaient sans compter pour un résultat absolument nul, tandis que les pauvres restaient misérables et les haines coriaces.

5. UN pour United Nations

Le Kosovo était également très fortement peuplé de travailleurs humanitaires de tous horizons qui avaient fait flamber les prix des loyers et des restaurants. Les soirées alcoolisées entre expatriés coloraient le climat ambiant déjà tendu d'une suprématie occidentale difficilement acceptable pour les autochtones.

L'activité militaire avait outrageusement pollué l'air et l'environnement. Aucun système de collecte des déchets ne fonctionnait, et les habitants jetaient leurs ordures dans la rivière Ibar qui était devenue un fleuve de plastique répugnant. On ne pouvait pas parcourir un kilomètre sans croiser un fourgon kaki ou un char. Ces véhicules rejetaient des gaz toxiques qui s'ajoutaient aux particules fines des chauffages à bois et à charbon qui tournaient déjà à plein régime, alors que l'hiver n'avait pas encore commencé. L'impression de respirer du plomb nous suivait jusqu'à l'intérieur des maisons et les enfants du Kosovo buvaient ce métal à toute heure, car les conduites d'eau courante en étaient saturées.

La confusion régnait, et le système de débrouille, les rapports de force, la tension, la dureté incarnaient les meilleures armes pour se défendre au quotidien. Un univers d'hommes et de brutalité.

J'ai débarqué dans ce décor avec la candeur d'une débutante à son premier bal, m'effrayant et m'émerveillant de tout.

De guerre dans les Balkans, je n'avais que très vaguement entendu parler, essentiellement à travers des films comme *Harrisson's Flower*[6] ou *No man's land*[7]. Je n'étais pas en mesure de différencier les Serbes, les Albanais, les Bosniaques, les Croates, ou les Roms… J'allais devoir vite apprendre.

De haine raciale, je ne connaissais que le petit ressentiment qu'ont parfois les Luxembourgeois envers les Français pour des querelles de clocher. Là, je découvrais l'aversion pure et irrévocable.

De batailles, je n'imaginais que des combats lointains, ridicules, provoqués par des dirigeants cupides, dans des pays africains ou au Moyen-Orient. Ici, je compris la notion de conflit armé qui distille la peur jusqu'à l'intérieur des foyers : l'ennemi pouvait être le voisin que l'on fréquentait depuis toujours.

Du travail humanitaire, je ne savais rien. Je me figurais des distributions d'aliments, de vêtements, de tentes et de couvertures, à l'image des interventions-chocs de monsieur Kouchner filmé avec un sac de riz sur le dos en Somalie. Là, je réalisais que ce métier englobait des activités bien plus complexes, comme la réparation des routes, la reconstruction des maisons et des écoles, la remise en état des réseaux d'eau. L'accompagnement individualisé des victimes et les tentatives de réconciliation des villageois faisaient également partie des projets.

---

6. *Harrisson's Flower* : film du réalisateur Élie Chouraqui qui raconte la guerre en Croatie.

7. *No man's land* : film du réalisateur Danis Tanovic qui raconte la guerre entre les Bosniaques et les Serbes et relate l'incroyable incompétence des institutions des Nations unies après ce conflit.

Mon poste s'intitulait «administrateur régional», aussi pour me faire entendre et comprendre de l'équipe que j'avais pour objectif de gérer et contrôler, je décidais de prendre la situation en main immédiatement. Je partis sans tarder à la rencontre des collaborateurs de l'ONG – plus de cinq cents salariés si on comptait les expatriés et le personnel local. D'après les termes de mon mandat, je devais superviser l'administration et les finances des projets développés en Albanie, en Serbie et au Kosovo, tout en étant basée à Skopje.

La vie pouvait presque paraître normale en Macédoine : à proximité de la frontière avec la Grèce, cette nation possédait les clés de la porte d'entrée pour l'Europe. Centres commerciaux, bars et restaurants à la mode, abondance et détente résumaient ce petit pays qui avait su rester neutre dans le conflit qui avait ensanglanté la région. Les gens vivaient doucement et avec nonchalance, l'ancienne cité ottomane se fondait parfaitement dans la modernité des immeubles et des cinémas et tout le monde semblait évoluer en harmonie, respirant la paix. Moi qui recherchais la nouveauté, je fus presque déçue en arrivant.

L'Albanie de son côté ressemblait à une contrée africaine sous-développée. Ici, on circulait sur des pistes, mais cela n'avait rien à voir avec le conflit régional : l'État n'avait simplement jamais construit de routes. Les habitations possédaient rarement un système d'accès à l'eau courante, mais là encore, la guerre n'y était pour rien : le ministère des Infrastructures n'avait jamais mis en place de réseaux de distribution générale. La plupart des logements étaient équipés d'un générateur pour la production d'électricité. L'air glacial renforçait la violence que l'on sentait chez les hommes à la vie dure. Le tiers-monde se situait à deux heures de vol de Paris... Un projet de développement rural de notre ONG y subsistait difficilement grâce à la ténacité du chef de mission, car les bailleurs de fonds n'accordaient plus qu'une faible attention aux problématiques économiques de cette nation gangrénée par la corruption. Sortir une poignée d'habitants de la misère pouvait bien attendre un peu, après tout, ils ne menaçaient pas la stabilité de tout un continent.

En Serbie, quelques programmes de distribution de bois s'achevaient du côté de Kraljevo, au sud du pays où s'étaient réfugiés de nombreux Serbes du Kosovo. Ravagé par une crise économique insoluble et détesté par la moitié du monde du fait des combats meurtriers provoqués au cours des vingt dernières années, le fleuron de l'ex-Yougoslavie survivait sinistrement, tristement, et ses campagnes pauvres semblaient sans espoir.

Au Kosovo, la situation tint ses promesses de chaos. Le décor ressemblait à celui d'un film de guerre américain, en bien réel malheureusement. Seules des nuances de gris coloraient l'horizon, les carcasses de voitures incendiées et de chars abandonnés jonchaient les prés. Les ruines des habitations s'étiolaient, criblées de balles. Personne n'avait effacé le sang des exécutions récentes, et des traces rougeâtres maculaient encore les murs. De profonds nids de poule rendaient les routes inutilisables, et je prenais souvent plus de deux heures pour parcourir vingt kilomètres. Les paysans ne tentaient même pas de cultiver leurs champs retournés et pollués de soufre, et les rayons des magasins restaient désespérément vides. La majorité des programmes que je devais suivre se trouvaient dans la province. Ils consistaient principalement à distribuer des kits alimentaires, du bois de chauffage, des trousses d'hygiène, des couvertures dans les centres collectifs, des bâches ou de tentes. Ils pouvaient également avoir pour objectif de reconstruire des maisons et des écoles, de nettoyer et réaménager des immeubles... Les activités semblaient simples, mais la sélection des bénéficiaires se réalisait dans une complexité innommable. De nombreux habitants profitaient joyeusement de plusieurs dispositifs d'aide en même temps par manque de coordination des acteurs de solidarité. Cela ne relevait pas de ma responsabilité, mais de celle des chefs de projets. Moi j'avais pour tâche de mettre en marche un système de contrôle des dépenses, de gérer les ressources humaines et l'administration de la logistique.

Je m'efforçais de visiter chaque semaine une des bases en plus d'un séjour au Kosovo : je partais ainsi le lundi matin pour l'Albanie ou la Serbie et finissais mon travail à Mitrovica avant de rentrer à Skopje pour le week-end. Les allées-venues dans la région étaient une pure folie pour qui a l'habitude de se déplacer librement dans l'espace Schengen : j'utilisais les services de chauffeurs dont aucun ne possédait de laissez-passer pour se rendre dans deux pays. Les voitures kosovares ne pouvaient aller du sud du Kosovo à la Macédoine, les véhicules serbes étaient interdits de circulation en dehors du nord du Kosovo, les Macédoniens n'étaient pas autorisés à franchir la frontière pour l'Albanie. Un simple voyage d'une centaine de kilomètres devenait un casse-tête épouvantable. J'étais forcée de traverser à pied les doubles postes de douane, sous la menace des mitraillettes et aux côtés des déplacés qui prenaient la fuite avec leurs enfants dans les bras. J'arrivais souvent trop tard de l'autre bord du poste-frontière, et mon supposé conducteur était déjà reparti. Alors je le rappelais, attendais encore. Les heures interminables que je passais en habitacle surchauffé en compagnie d'individus brisés par la guerre me donnaient l'occasion de nombreux échanges. Je comprenais peu à peu l'impasse d'une réconciliation pour les populations de la région qui avaient été victimes des pires atrocités que l'humanité ait pu inventer.

Ces déplacements épuisants me permettaient de voir tous les projets et de rencontrer tous les coordinateurs en quinze jours. J'occupais un terrain trop longtemps resté en friches et j'éprouvais énormément de difficultés à sensibiliser à la rigueur les jeunes loups solitaires et agressifs censés me rendre des comptes. D'administration et d'ordre, ils ne souhaitaient pas ouïr parler. Rien ne pouvait les faire entrer dans une case. Ils avaient décidé de s'expatrier au prétexte de liberté. Ce n'était pas moi qui allais les empêcher d'accomplir leur dessein qui consistait à agir comme ils l'entendaient, à commencer par se servir dans la caisse et à manquer de respect envers leurs collègues locaux. L'argent devint mon meilleur allié puisque je détenais les clés de la bourse. Je posais mes conditions pour débloquer les fonds. Les jeunes chargés de projets montraient un tout autre visage aux bûcherons serbes à qui ils devaient des centaines de milliers de deutsche marks. Ainsi je parvins, au prix d'une énergie et d'un entêtement presque maladif, à remettre en ordre la comptabilité de la mission, et gagnais peu à peu la confiance de tous. Nos problèmes pécuniaires s'étaient subitement réglés et l'argent en provenance de Paris alimentait à nouveau notre trésorerie grâce à une nouvelle guerre en Afghanistan à laquelle avait décidé de s'attaquer l'ONG qui m'employait.

J'eus la chance de rencontrer dès mon arrivée deux personnes exceptionnelles et déterminantes pour mon travail. La première fut Gaëtan, mon «binôme». Nous étions partis ensemble de Paris. Tandis que je devais «sauver les finances de la mission», il portait la responsabilité de mettre de l'ordre dans les projets et déployer une stratégie de développement régional. Jeune aventurier silencieux, il revenait d'un tour du monde après avoir administré pendant quatre ans des programmes humanitaires en Asie Centrale, dans des pays incroyables comme le Tadjikistan, l'Ouzbékistan, l'Afghanistan. Il m'inspira un immense respect à la seconde même où on me le présentait, car il ne prenait pas la peine de prononcer des paroles inutiles et allait droit au but. Je me suis sentie immédiatement très petite en sa présence, prenant conscience de la montagne de choses que j'ignorais. Après quelques jours, nous étions devenus inséparables et j'adorais littéralement son humour franc et simple et sa capacité de rires aux éclats de tout et de rien. Il se transforma en mon allié le plus précieux durant mes premières semaines dans les Balkans, m'expliquant inlassablement le jargon humanitaire, le fonctionnement des agences internationales, la logique de la gestion de projets. Il me soutenait sans limites face aux chefs de programmes les plus durs et vis-à-vis des exigences du siège parisien de l'organisation. Nous formions une équipe efficace et c'était toujours un plaisir de nous retrouver pour travailler, pour dîner ou pour partir en week-end. On nous prêta bien entendu toutes sortes d'histoires, mais nous laissions parler les mauvaises langues. Tous ces on-dit nous faisaient sourire, car Gaëtan avait depuis longtemps décidé d'aimer les garçons, et assumait absolument ce penchant. Pour moi qui n'avais jamais connu une relation d'amitié sans qu'elle ne finisse au lit, rien n'aurait pu altérer cette situation nouvelle et magique. La considération que je vouais à ce jeune homme hors du commun dépassait tout autre sentiment. Il me semblait partager avec lui quelque chose comme la conscience évidente et bienfaisante d'une empathie inconditionnelle et profonde pour les plus faibles. Un regard nous suffisait pour échanger notre colère, notre indignation et notre révolte face à une injustice. C'était très apaisant, sécurisant. J'avais l'impression de ne plus être seule.

Il ressentait comme moi une estime sans limites pour la seconde personne qui a immensément marqué mon séjour dans les Balkans : Danijela. Serbe du Kosovo, elle était mon assistante – même si elle dépassait très largement mes capacités et mes compétences en tout. Des yeux pétillants d'intelligence et de gentillesse brillaient au milieu de son visage anguleux aux traits fins. Nous nous sommes rencontrées à une soirée de bienvenue organisée pour notre arrivée et ne nous sommes plus quittées. Alors qu'elle voyait passer une nouvelle « chef » plus fantasque que la précédente tous les trois mois, elle m'accueillit avec bienveillance, sans douter une seconde que nous accomplirions du bon travail ensemble. Elle vivait avec ses parents, une institutrice et un directeur de banque, dans une maison plantée juste sur la frontière entre le sud et le nord de Mitrovica. Elle élevait seule un petit garçon de deux ans qu'elle avait eu en plein milieu de la guerre : son mari avait décidé de partir pour Belgrade sans eux et n'était jamais revenu.

Jamais de ma vie je n'avais rencontré une personne aussi redoutablement efficace. Diplômée de mathématiques, désignée plusieurs fois meilleure élève de son université, puis de tout le Kosovo, elle maniait les chiffres en dompteur et les transformait en tableaux clairs et précis sur lesquels personne ne pouvait relever la moindre erreur. Elle connaissait par cœur tous les budgets des projets et gérait administrativement les quatre cent cinquante salariés locaux de la mission régionale avec une facilité déconcertante. Elle forçait l'admiration de tous, car elle maîtrisait tout, sans un soupçon d'arrogance, mais au contraire dans la simplicité et même avec déférence, ce que je trouvais incroyable étant donné son talent. Notre relation s'est rapidement transformée en amitié sincère et respectueuse, je me sentais riche de la confiance qu'elle me témoignait. Elle se comportait souvent excessivement dans ses rires comme dans ses peines – comme beaucoup de personnes dans les Balkans – et j'adorais cela. Elle m'invita à plusieurs reprises chez elle, et ses parents m'accueillaient toujours comme une cousine de France. Je trouvais dans leur maison une table bien plus délicieuse que celle des restaurants que j'avais pu fréquenter dans ma vie d'avant. Chacun de mes passages dans son logis était ponctué d'un festin. Ses proches me donnaient le meilleur sans compter et sans calcul. Un repas tout à fait normal était composé de jambon fumé de bœuf ou de porc coupé en très fines lamelles, du traditionnel « kaymak[8] », de salades d'hiver aux poivrons grillés odorants, de chou au vinaigre, de cornichons et carottes marinés. Puis on servait des « bureks[9] », de la « sarma », et enfin des « baklavas » pour le dessert. Le tout était copieusement arrosé de « slivovica[10] » et de « rakia ».

Je trouvais chez eux un nouveau foyer. Je me sentais simplement bien parmi ces gens bourrus, gentils et curieux. J'étais comme de retour en enfance. Nous échangions sur tous les sujets de la vie quotidienne en France et en Serbie, de l'organisation de la société kosovare sous le régime communiste de Tito. Je ne pouvais m'empêcher la comparaison de cette vie communautaire au système de gestion paternaliste des mines lorraines. À mi-voix, pour ne pas être entendus, mes nouveaux amis me racontèrent l'invasion de la province par les puissants Turcs de l'Empire ottoman. Puis ils évoquèrent sa colonisation par les Albanais sous le regard de l'Europe entière, qui avait déjà pris

---

8. Kaymak : fromage frais préparé traditionnellement à base de couches de crème gardées au frais, salé, poivré, et utilisé pour la confection de nombreux plats populaires.

9. Bureks : tourtes fourrées au fromage ou aux légumes, préparées traditionnellement à base de pâte feuilletée.

10. Slivovica : alcool de prunes traditionnel serbe.

parti contre la Serbie bien avant la guerre du Kosovo. Je comprenais que tous ces sujets leur paraissaient difficiles, percevais les sentiments contradictoires de fierté et d'injustice des uns, de regrets et de nostalgie des autres. Je ressentais l'inquiétude et l'incertitude des plus jeunes face à l'avenir, le tiraillement entre deux générations qui ne pourraient plus se rencontrer dans leur monde tel qu'il était devenu.

Je saisissais toutes les occasions d'aller visiter les bénéficiaires de nos programmes en compagnie de mes collègues, et d'échanger avec eux quand ils venaient dans nos locaux. Beaucoup avaient perdu leur maison, leur emploi et leurs moyens de survie, et subsistaient dans des conditions désespérées. Ils faisaient résonner en moi un sentiment d'injustice qui me révoltait et me donnait envie d'agir toujours plus.

La capitale de la province du Kosovo était peuplée à majorité d'Albanais. Mais elle demeurait aussi une enclave serbe et rom. Ainsi, une poignée de personnes âgées des communautés minoritaires y vivait, ayant décidé de rester après la guerre. Ces personnes souvent seules se terraient dans leur appartement sous la haute surveillance de la KFOR depuis deux ans, sans contact avec l'extérieur et sans oser sortir, absolument dépendantes des distributions alimentaires des ONG. Notre équipe prit un jour l'initiative d'organiser une manifestation pacifique de retrouvailles serbe à Pristina pour tenter d'alléger leur solitude insoutenable. Elle loua la salle des fêtes de la municipalité et s'assura de la sécurité auprès des Casques bleus anglais. Des résidents des enclaves voisines avaient pu nous rejoindre grâce à un service de bus affrété pour l'occasion. Des familles qui ne s'étaient pas vues depuis la fin de la guerre avaient pu se réunir quelques heures dans la plus pure émotion, autour d'un repas arrosé de bière locale. Un orchestre rom lança les premières notes d'une musique folklorique et tout le monde se leva pour démarrer la ronde traditionnelle. Certains appelèrent des proches déplacés pour leur faire partager le miracle d'une célébration serbe à Pristina, beaucoup pleuraient. Mais à la fin du premier morceau, la quasi-totalité des balcons environnants se recouvrit subrepticement de drapeaux rouges à l'aigle noir. La fête était terminée.

Toutes ces expériences et toutes ces rencontres comblaient ma curiosité. Je m'épanouissais entièrement dans mon emploi malgré les difficultés et la fatigue. Je me réveillais le cœur palpitant de joie au matin, et me levais enthousiaste à l'idée de tout ce que j'allais faire et voir au cours de la journée. Le métier d'humanitaire était devenu une passion, j'avais la certitude que jamais plus je ne pourrais en exercer un autre. Mettre mes connaissances et mes compétences au service des projets et de ceux qui souffraient m'apparaissait comme une telle aubaine que j'avais envie de crier mon bonheur de m'affairer ici, chaque minute. Je vivais tout instant intensément. Pour la première fois de ma courte destinée, tout convergeait, tout faisait sens. J'avais enfin trouvé ma raison d'exister et mon pourquoi de travailler. Ce que j'avais la chance de découvrir en occupant ce poste était extra-ordinaire, unique. Il me semblait voler au-dessus de l'amertume et du cynisme des expatriés usés. J'abordais toutes les difficultés de front et j'obtenais de bons résultats — la clarté et la transparence possèdent ce pouvoir. Je gardais cependant les pieds sur terre, sachant pertinemment que ce que nous tentions de résoudre n'était rien face à ce qui resterait infaisable. Un puissant calme s'était emparé de moi. J'évoluais en équilibre entre la conscience de ce que je pouvais accomplir à mon niveau et ce que nous ne pourrions jamais réparer en dépit de notre travail acharné. J'avais compris tout ce que la guerre avait brisé à jamais et dont nous ne portions pas la responsabilité. J'avais enfin décidé de ce qu'allait devenir ma vie : j'allais donner de toutes mes forces. Le sort avait voulu que je naisse dans un pays en paix, libre et démocratique. J'avais pu y recevoir une excellente éducation. J'étais restée par bonheur en bonne santé malgré mes erreurs passées. Une seule chose faisait sens désormais : continuer à travailler intensément pour aider ceux qui n'avaient pas eu ma chance.

L'hiver est tombé brutalement sur les Balkans et nous avons rapidement souffert du froid polaire qui frappa la région en 2001. J'avais l'habitude des mois de décembre frais de l'est de la France. Mais le vent sibérien incessant qui accompagnait des températures de moins cinquante degrés et des chutes de glace me mordait insidieusement au plus profond de ma chair. Je poursuivais mon travail malgré tout, traversais les frontières, toujours à pied et chargée de mon bureau mobile – ordinateur, dossiers, vêtements de rechange – à l'assaut des tempêtes. Je guettais mes conducteurs retardés par la neige pendant de longues heures, encerclée de rafales de grêle, chassée de la limite territoriale sécurisée vers la montagne abrupte par des militaires armés. Puis je m'endormais profondément sur le siège avant de la voiture, bercée par les secousses des véhicules sans amortisseurs et anesthésiée par les effluves d'essence. Les rares vols qui reliaient Skopje à Belgrade étaient annulés, car les tarmacs ne dégelaient pas. Je voyageais des nuits entières dans des bus ouverts au vent, sur des banquettes en plastique dur, pour rejoindre la Serbie où m'attendaient des fournisseurs de bois furieux d'être payés en retard.

Une soirée d'hiver marqua le début d'une rapide descente aux enfers : c'était un vendredi et je repartais épuisée du Kosovo vers la Macédoine. Le chauffeur albanais de l'ONG que je trouvais très sympathique était accompagné de son fils cadet qui parlait très bien l'anglais. Il m'a traduit la déportation en autocar vers l'Albanie de son père avec son aïeule grabataire qui avait fini par succomber en captivité. Il se remémora en sanglotant le sort d'une jeune mère que les militaires serbes avaient contrainte de décider lequel de ses deux enfants ils allaient assassiner gratuitement d'une balle dans la tête devant ses yeux. Si elle ne choisissait pas, les deux seraient tués. Il a parlé d'une petite fille de neuf ans, sélectionnée au hasard dans le bus, puis violée et abandonnée pour morte au bord de la route. Mon chauffeur a beaucoup pleuré ce soir-là en évoquant le groupe de jazz dans lequel il jouait du saxophone et qui se produisait jusqu'au Canada avant la guerre. Un militaire avait détruit son instrument, il n'avait plus jamais écouté de musique.

Les mêmes histoires, je les ai entendues ensuite au nord, racontées par des Serbes et des Roms. J'apprenais que la règle de survie dans ce contexte de ressentis absolus consistait à ne jamais prendre parti. Sous aucun prétexte. Et se taire. J'ai pris progressivement conscience que la richesse matérielle de nos pays n'avait aucune valeur pour qui avait tant souffert, que pour la plupart des gens simples, la paix seule comptait, mais qu'elle ne viendrait plus jamais.

Les ingénieurs en bâtiments avaient construit la plupart des maisons et appartements du Kosovo sur le modèle soviétique : ils étaient tous dotés de gros radiateurs avec accumulateur de chaleur. Au cours de cet hiver des plus rigoureux, le nord du Kosovo était approvisionné, en moyenne, vingt minutes par jour en électricité, les immenses meubles de fonte se montrèrent donc parfaitement inutiles pour chauffer les habitations. Les générateurs ne possédaient pas assez de puissance, et seules quelques pièces de vie équipées d'une cuisinière à bois permettaient de trouver un peu de réconfort. Les réchauds à gaz – de fabrication chinoise et quelque peu hasardeux quant à la sécurité – arrivèrent comme des sauveurs au début du mois de décembre. L'eau tiède était devenue un rêve lointain et inatteignable et notre toilette quotidienne s'effectuait la plupart du temps au gant tâché du liquide brun et sableux qui sortait des conduites gelées. Nous arborions petit à petit des allures de clochards, regroupés près du feu de bois le jour pour travailler à la lueur des bougies. La nuit, nous grelottions sous des amas de couvertures, le visage caressé par la lame tranchante du vent glacial qui pénétrait à travers les vitres cassées de nos chambres, dans l'attente de l'aube que nous accueillions toujours avec soulagement.

Je souffrais terriblement de l'absence d'intimité. La vie en communauté possède sans nul doute de nombreux charmes quand on étudie, ou même quand on a en commun une passion ou un objectif sur une courte période. Mais je n'étais pas conçue pour supporter l'intrusion permanente d'autres personnes dans le moindre recoin de mes gestes quotidiens et de mes pensées. Depuis que j'étais enfant, j'avais toujours recherché la solitude qui me permettait de me recentrer, me sentir entière. Au bout de quelques mois sans lit attitré, sans espace intime, et contrainte de partager chaque moment de la journée avec des gens que je n'appréciais pas forcément, je décidais de me payer un appartement dans lequel je vivrais seule. Je demandais de l'aide à mon assistante macédonienne, qui finit par me trouver un deux-pièces tout équipé dans un immeuble de la banlieue de Skopje.

De relations sexuelles, je n'en connus quasiment aucune durant mon séjour dans les Balkans. J'avais pris huit kilos à force de manger chez Danijela et ne m'intéressais plus à mon aspect extérieur. De plus, mes collègues masculins me compliquaient déjà suffisamment la tâche au quotidien sans en rajouter. Je n'étais pas guérie de mon histoire avortée avec Gilles ni de tout le mal que j'avais souffert par sa faute. Par ailleurs, le sens que je donnais désormais à ma vie relevait de quelque chose de sacré que je ne voulais pas souiller en retrouvant mes démons du passé. Je libérais peu à peu mon esprit. J'éprouvais chaque jour le sentiment grisant et terriblement excitant de n'avoir aucune attache, d'appartenir au monde, de ne posséder pour seule richesse que le sac que je portais sur mon dos et l'amour immense que j'avais décidé d'offrir. Je découvris une liberté profonde et vraie. J'avais le choix d'aller là où je le souhaitais, aucune obligation ne m'entravait, aucune exigence matérielle ou financière ne me retenait. Tout était redevenu possible.

J'avais, malgré tout, un besoin viscéral de contact avec mes quelques amis restés en France. Les mails enthousiastes que je leur envoyais jouaient le rôle d'effet miroir dans une vie où l'action, la course contre la montre prévalaient. Gilles avait fini par me retrouver.

Il m'écrivait de longs messages troublants et déstabilisants à l'insu de sa nouvelle compagne avec qui il venait d'emménager. Je les recevais comme on prend sa dose de drogue, même si je sentais que je m'enfonçais dans l'erreur. Ils me donnaient le sentiment d'exister au-dessus de l'abnégation et des souffrances de l'épuisement et du froid.

La paranoïa balkanique que nous ressentions tous se transforma progressivement en pessimisme dans mon esprit. Ma vie professionnelle n'offrait guère d'autres perspectives que celle de trouver une mission dans un nouveau pays en guerre, cependant pour moi, ce n'était pas un avenir. La solitude, le manque de plaisir, l'excès de travail et l'impossibilité d'oublier Gilles finirent par me plonger dans un accablement dont je culpabilisais d'autant plus que c'était moi seule qui avais choisi de partir. J'étais tiraillée entre deux fronts, comme si je devais accepter d'être déjà un peu morte du fait de vivre ailleurs, ou que je n'appartenais pas au même espace-temps que mon entourage.

Je décidais de passer Noël en France. À mon atterrissage à Roissy, je ressentis violemment ce que signifiait « rentrer chez soi ». Le premier Picon bière que j'avalais avec gourmandise au bar de mon village resterait à jamais gravé dans mes papilles. Je plongeais avec délice dans les plaisirs du vin d'Alsace, de la choucroute, du munster, de la musique allemande, des soirées interminables à transformer le monde autour d'une bouteille de schnaps. Il me semblait évoluer en convalescence après une grave maladie dont j'avais réussi à guérir.

J'étais toujours animée du même enthousiasme en reprenant l'avion vers Skopje quelques jours plus tard. Cependant, ce retour en arrière m'avait fait prendre conscience que ma décision de vivre loin s'apparentait à une forme de fuite qui ne résolvait pas vraiment mon questionnement ultime : celui de mon devenir. Je rentrais vers un combat qui n'était qu'une partie de ma guerre personnelle. J'avais trouvé du sens, découvert une passion illimitée, une envie profondément ancrée désormais. Mais cette lutte ne pouvait pas consister à partir et revenir sans cesse en m'abrutissant à la tâche. Ce que je voyais devant moi me donnait le vertige. Je ne pouvais pas non plus simplement retourner en France, il était trop tôt. Et de toute façon, je n'aurais pas su comment y remplir ma vie.

Alors que nous menions la barque des projets d'une main cohérente, j'avais un sentiment désagréable d'un éternel recommencement à chaque arrivée d'un nouvel expatrié qui débordait d'arrogance, de prétention et de supériorité vis-à-vis de nos collègues locaux. Voir un agronome de vingt-cinq ans débarquer pour enseigner à des paysans comment cultiver un champ qui nourrissait des familles entières depuis des siècles aurait été risible si mon rôle ne consistait pas à le recadrer. Ces situations m'horripilaient. Mon travail était devenu presque routine, et ma chère Danijela montrait désormais bien plus de patience et d'efficacité que moi pour régler les conflits et remplir les tableaux de suivi budgétaire. J'étais fatiguée de courir et d'avoir pour seul horizon des chars, des hélicoptères, des mitraillettes à longueur de journée. La pression des rapports de force systématiques avec les chefs de projets de la mission m'épuisait. Je ne pouvais plus les entendre relater leurs prouesses avec les prostituées qu'ils fréquentaient en parfaits colons. Je ne supportais plus la tension que provoquait la haine raciale à laquelle je n'entrevoyais aucune issue et contre laquelle je ne pourrais jamais rien. J'étais désolée de constater que nos programmes de réconciliation n'avaient valeur que d'utopie, éreintée de sentir que le chaos, la division et l'animosité étaient les grands gagnants de cette guerre de territoire inutile.

Il me semblait avoir atteint le terme de la mission que l'on m'avait confiée. J'avais procédé à la mise à jour de la comptabilité Balkans, mes collègues étaient formées à continuer sans moi et l'ONG ne ferait pas faillite cette fois-ci pour cause de mauvaise gestion. J'avais abattu un travail titanesque avec l'aide de Danijela. Ce séjour me laissait cependant un goût amer dans la bouche : nous aurions pu accomplir tant de choses avec les moyens immenses à notre disposition. Je réalisais que nous concourions, au même titre que les Casques bleus, à panser une jambe que nos dirigeants politiques avaient contribué à briser en milliers de morceaux. La région allait avoir le plus grand mal à se rétablir de l'économie parallèle que la présence des militaires internationaux et des humanitaires avait implantée. La haine se poursuivrait pendant des dizaines d'années. J'avais la désagréable intuition que nous n'étions que les pions manipulés d'un jeu d'échecs pipé et dont l'intelligence se trouvait ailleurs, dans des cerveaux diaboliques.

Alors que le printemps balkanique s'installait dans une tension nouvelle sans que les oiseaux osent revenir peupler les arbres chargés de plomb, je décidais de finir mon contrat et de rentrer chez moi pour aviser à la suite de mon existence. J'avais besoin d'un peu de calme.

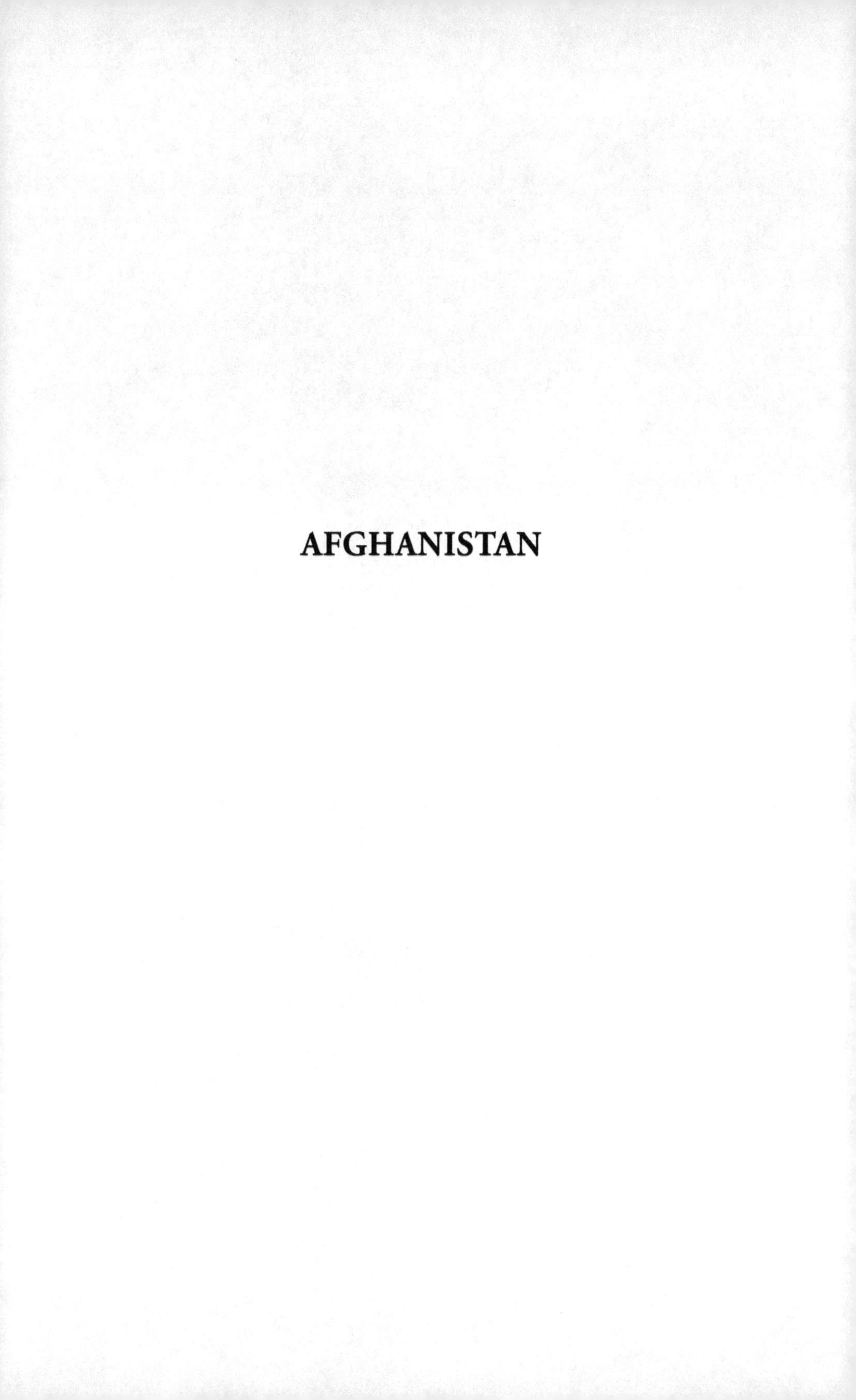

AFGHANISTAN

En rentrant de Skopje début février, la direction financière de l'organisation me demanda de rester trois semaines à Paris pour achever la préparation de l'audit annuel des comptes. Nous avions clôturé la mission Balkans, mais ce n'était pas le cas des autres pays moins bien administrés sans une redoutable Danijela sur place. J'acceptai d'aider le contrôleur de gestion à mettre de l'ordre dans tous les suivis budgétaires en suspens. On me réserva une petite chambre d'hôtel dans le quartier de l'Opéra et je retrouvai la civilisation, le cinéma, le karaoké et les magasins quand je ne travaillais pas sur les chiffres. Je passais de longs moments au téléphone avec mes amis, ma famille, leur promettant de rentrer bientôt à Metz. Je ne savais toujours pas quelle suite donner à ma carrière, et j'étais flattée de la confiance que me témoignait mon employeur, qui ne voulait pas me voir partir et avait doublé mon salaire. J'avais le sentiment que mon aventure n'était pas terminée. Dans le confort et l'illusion de la vie nocturne parisienne, j'oubliais peu à peu les Balkans et la période hivernale terrible que je venais de subir. Je reprenais des forces, et la passion humanitaire refondit sur moi avec une puissance incroyable. J'avais envie de vivre une autre expérience, d'aller plus loin encore. Gilles, avec qui j'eus à plusieurs reprises de longues conversations ambiguës, refusait de me revoir. Je ne comprenais pas son attitude, ne souhaitais pas insister. Je ne parvenais pas à trouver une raison pour rester en France. Alors un soir, quand au cours d'un dîner, la directrice générale me proposa de reprendre les finances de la mission Afghanistan, j'acceptais avec enthousiasme. L'administrateur du pays subissait un rapatriement sanitaire et la situation sur place devenait critique, peut-être pire que celle des Balkans à mon arrivée. C'était là un challenge taillé pour moi sur mesure, maintenant que je connaissais les ficelles du métier et que je maîtrisais le logiciel comptable. Bien sûr, je devais partir au plus tôt. Je clôturais les quelques dossiers qui restaient, puis rentrai en Lorraine pour dire à nouveau au revoir à ma famille et à mes amis désespérés par mon inconscience. Enfin, je pris place à bord d'un avion pour Kaboul via Karachi et Islamabad, avec deux cent mille euros au fond de mon sac.

L'Afghanistan est souvent présenté comme un endroit peuplé d'assassins barbus. Ces derniers possèdent à juste titre la réputation d'annihiler leurs femmes sous la menace de kalachnikovs. Je le trouvais immédiatement dangereux et meurtrier, mais rapidement aussi philosophe et terriblement vivant. Malgré la violence qui le pilonne sans discontinuer depuis des décennies, le pays est resté somptueux et impose une force tranquille incontestable. Kaboul est une ville cuvette couronnée de montagnes dont les plus hautes culminent à sept mille mètres. Le spectacle de cette nature sauvage et vertigineuse que l'homme a façonnée pour y habiter simplement touche presque au divin.

Plus de quatre-vingts pour cent des maisons étaient détruites à mon arrivée. Tandis qu'à chaque horizon étincelaient les neiges éternelles des sommets de l'Himalaya, des tonnes de détritus débordaient des caniveaux à ciel ouvert. Les épiceries vomissaient leurs produits bas de gamme sur les trottoirs poussiéreux et je devais constamment prendre garde de ne pas trébucher dessus, pour ne surtout pas attirer sur moi une attention déjà trop insistante.

Aucun oiseau ne chantait dans les arbres. De musique, on n'en entendait jamais. De cerfs-volants au-dessus des fils électriques, on n'en voyait pas. Le silence occupait les rues. Les bruits de la vie quotidienne étaient réservés pour l'intérieur des maisons où les familles retenaient leur souffle. Les talibans avaient interdit les amusements les plus simples. Il était bien trop tôt pour oser les ressortir quelques mois après leur chute du pouvoir, tandis que l'avenir restait incertain pour tous et que l'ennemi se cachait dans l'ombre, prêt à bondir à la première occasion. Les enfants se contentaient de boîtes de conserve et de cailloux pour tout jouet, et me poursuivaient en me lançant à voix basse des bribes de français qui me faisaient sourire.

Je me suis immédiatement sentie décalée dans ce pays. C'était plutôt normal puisque j'étais l'une des seules occidentales à déambuler dans l'unique artère presque intacte de la ville, dans le très huppé quartier des ambassades, qui abritait à la fois notre maison et notre bureau. De femmes afghanes, je ne côtoyais que le fantôme bleu des burkas et je ne parvenais pas à capter un regard féminin à travers le grillage des tenues sombres, uniformes et protectrices. Je baissais la tête en croisant des hommes aux yeux clairs, lourds et pénétrants. Si je portais à l'égard du foulard un jugement souvent sévère en France, je ne tardais pas à imiter les ombres anonymes des rues. Je couvris à mon tour mes cheveux trop blonds pour cette région de la planète.

Je trouvais cependant cette atmosphère moins pesante que celle des Balkans – la menace se montrait moins visible, presque sournoise. Malgré la mise à prix de nos vies occidentales, j'évoluais presque avec légèreté dans ce milieu contradictoire. La violence paraissait absente tant les gens agissaient mesurément. L'horreur semblait insaisissable. Je devais suivre l'exemple de tout le monde et me comporter comme si elle n'existait pas. Je ne pouvais pas fréquenter des Afghans. Mes collègues locaux masculins me contemplaient à distance comme un phénomène de foire asexué. Mes deux collaboratrices afghanes me toisaient de haut, me faisant bien sentir qu'elles méprisaient ma présence et mon travail alors qu'elles occupaient leurs journées à regarder des films sur leur ordinateur. Elles avaient parfaitement bien endossé le rôle de vitrine que l'on avait imaginé pour elles (les bailleurs encourageaient les recrutements féminins et tout ce qui touchait à la notion de respect du « genre »). Elles enlevaient soigneusement leur burka en passant la porte de la base pour bien signifier qu'elles avaient compris ce que l'on attendait d'elles, puis plongeaient dans leurs séries indiennes. Je ne voyais jamais le moindre bénéficiaire, je ne pouvais pas aller dans les villages où se déroulaient nos projets pour des raisons de sécurité.

Nous n'étions pas autorisés à sortir en soirée : le couvre-feu nous assignait à résidence dès vingt et une heures alors que nous quittions le bureau à vingt heures, affamés et épuisés. Seul le club des Nations unies où nous pouvions nous offrir de temps à autre un verre de pastis à un prix indécent nous était ouvert quand nous voulions nous détendre. De fait, nous passions tout notre temps de repos dans notre *guest-house* à écouter de la musique et à discuter. Cette maison portait bien son nom : elle se transformait régulièrement en auberge espagnole confortable pour les grands reporters, écrivains ou membres de milices en quête d'un peu de normalité dans leur aventure afghane. Nos soirées étaient souvent ponctuées de rencontres fantasques et étonnantes qui distrayaient notre quotidien morose.

Malgré ce climat de prison, la vie en communauté me semblait supportable. Mes collègues jeunes et encore pétris d'illusions extériorisaient peu de cynisme. La chose paraissait peut-être simplement plus acceptable grâce au sentiment de « faire » l'actualité. Nous étions en effet localisés à l'endroit vers où les projecteurs internationaux étaient dirigés, tandis que nous étions occupés à défier de nos valeurs démocratiques les épouvantables talibans sept mois après la chute des tours de Manhattan. La plupart des administrateurs et chefs de projets de la mission étaient fraîchement diplômés des meilleures écoles de France et leur optimisme semblait loin du défaitisme des vieux routards blasés contre lesquels j'avais lutté pendant des semaines au Kosovo.

Un des sujets les plus sensibles de conversation du soir était Ben Laden et sa supposée cachette dans le pays : comment pouvait-il rester si longtemps introuvable alors que les militaires du monde entier le pourchassaient ? Nous frémissions de la folie des mercenaires. Ils prenaient tous la direction de Kandahar pour poursuivre leur chasse à l'homme après une nuit passée dans notre refuge. Le danger semblait si près de nous, et si loin à la fois...

À proximité de notre maison se situait *Chicken Street,* la rue marchande la plus réputée de la ville. Des petites échoppes en ruine y alternaient avec de majestueux bâtiments en pierre de taille préservés des bombardements. De nombreux commerces y avaient trouvé place, et j'allais souvent y flâner le vendredi après-midi. J'y dénichais des merveilles artisanales. J'achetais quelques souvenirs, des tapis afghans, des couvertures brodées en soie aux couleurs chatoyantes, des bijoux en argent sertis d'un fascinant lapis-lazuli – le diamant bleu du Panjshir. J'y trouvais des vêtements traditionnels tissés des plus jolis ornements, des sandales en cuir de chèvre... C'était principalement dans cette rue que s'était établi le négoce illégal des pièces archéologiques uniques issues du pillage du célèbre musée d'histoire de la ville et d'autres lieux culturels afghans détruits par les talibans sous prétexte d'impiété. Mais ces pièces, destinées à de riches collectionneurs du monde entier, n'étaient pas montrées aux simples visiteurs comme moi.

Un vendredi particulièrement ensoleillé, nous décidâmes de quitter la capitale en direction du Panjshir. Nous stoppâmes sur la tombe du commandant Massoud en construction. Ce court arrêt suffit pour qu'un paysan fanatique me coure après en hurlant et brandissant un fusil menaçant, car je portais mon jean un peu au-dessus de la cheville. Mais rapidement, nous découvrîmes un havre de paix dans une petite maison d'hôte qui nous offrit du poisson grillé au barbecue et des kebabs locaux. Pur instant de bonheur entre des abricotiers qui croulaient sous leurs fruits et des mûriers luxuriants : on se serait crus dans un jardin d'Eden exotique et généreux...

Notre base de Pul-I-Khumri se trouvait à côté d'un fleuve puissant et calme, et je profitais d'une visite à mon administrateur pour m'autoriser un peu de détente. Je consacrais ce temps à déraper dans des torrents glacés de Nahrin, sans me préoccuper des sangsues et autres bêtes, qui glissaient près de moi ou me frôlaient. Nous riions aux éclats comme des enfants insouciants avec toute l'équipe qui s'était jointe à moi, et plus rien n'avait d'importance.

Mes sorties favorites restaient cependant sans conteste les après-midis que je passais avec Zafar, un archéologue franco-afghan travaillant pour mon ONG. Il avait mis le doigt sur ma passion pour les objets anciens et m'emmenait partout où il pouvait sur ses lieux de fouille en me présentant comme une collègue. Il m'avait de fait, touchée au cœur, car j'avais rêvé de pratiquer son métier durant toute mon adolescence... J'ai ainsi pu ramper à ses côtés dans des tunnels envahis de serpents pour y découvrir à portée de main des trésors vieux de milliers d'années, et jamais exhumés. Je ramassais des céramiques antiques déterrées par les bombes et déposées à même le sol au milieu des champs. J'eus l'immense privilège de contempler les centaines de caisses remplies de pièces d'art cachées dans le plus strict secret dans les sous-sols du musée de Kaboul pillé par les talibans.

Ces moments rares nourrissaient des journées entières d'enfermement. Ils me donnaient de l'air pour avancer, et me réconciliaient avec une forme de vie en dehors du travail. J'étais néanmoins révoltée à l'idée du sabotage systématique d'œuvres millénaires porteuses d'histoire par des extrémistes pauvres d'esprit.

En dehors de quelques heures de détente volées, j'étais assise face à mon ordinateur continuellement. Paris ignorait superbement notre seul jour de repos hebdomadaire. Le vendredi en général en effet, le siège me harcelait concernant les aspects financiers, l'organisation de reportages ou l'accueil de personnalités qui n'avaient trouvé que notre *guest-house* comme point de chute. Ces célébrités venaient en coup de vent poser devant des chars de la coalition pour afficher leur courage à la une du prochain tabloïd comme si elles concouraient pour le prix Nobel de la paix. Bien sûr, elles occupaient les meilleures chambres de la maison durant leur court séjour et nous avions ordre de leur céder nos lits. Puis elles repartaient en priorité par l'avion suivant. Le « poids des mots » pesait lourdement sur notre quotidien. La survie à Kaboul sous les bombes ébranlait plus que les quelques images inventées par ces héros imaginaires qui ne seraient jamais consultés au sujet de la réconciliation dans la région.

Je gérais quelque soixante-dix projets pour plus de quinze millions d'euros de budget. Quand je commençai, je fus presque convaincue que le concept même de reçu n'était pas arrivé jusqu'en Afghanistan, car les classeurs comptables n'existaient simplement pas. Pourtant nous engagions chaque jour des dépenses titanesques au regard du niveau de vie des populations. Après quelques semaines de recherche, je compris que comme partout dans le monde, les commerçants afghans délivraient des récépissés. Le problème avait une autre origine : personne n'avait jamais eu l'idée de les réclamer. Mes journées se transformèrent alors en chasse au trésor. Je demandais des copies de factures aux fournisseurs que je parvenais à identifier, j'encourageais les chefs de base à négocier des accords pour les débours récurrents. J'exigeais l'introduction de procédures d'appels d'offres pour les plus grosses lignes budgétaires afin de placer les entreprises en concurrence loyale. Ensuite, je m'épuisais pendant des heures à paramétrer le logiciel de comptabilité, à y indiquer toutes les rubriques des conventions que nous avions signées avec les bailleurs de fonds. Je répertoriais dans des tableaux nos obligations financières et les dates des rapports que nous devions leur envoyer pour attester de la bonne avancée des activités. Je mis en route la systématisation des contrats de travail avec les employés locaux et conseillai aux gestionnaires de consolider leurs sollicitations de fonds à Kaboul dans un seul même document. Je passais d'interminables heures à la radio pour apporter des outils et des méthodes aux jeunes administrateurs abandonnés sans encadrement dans leur tâche impossible. La joie immense que j'éprouvais après avoir clôturé un rapport financier ne durait jamais longtemps, car je devais immédiatement enchaîner avec le suivant. La course contre la montre permanente, tous les dossiers affichaient des retards de plusieurs mois.

Je parcourais pendant des heures des pistes défoncées à bord de Jeeps russes non climatisées avec l'impression d'avaler toute la poussière du désert à chaque inspiration. Les secousses de ces engins rudes et froids d'une autre époque torturaient mon corps. Je respectais les consignes élémentaires de prudence imposées par notre coordinateur, et je circulais en toute discrétion, toujours de jour, sur des routes sécurisées par la coalition. Un chauffeur afghan m'accompagnait dans tous les cas. La montée de Kaboul vers le nord du pays se montrait l'un des chemins les plus difficiles, car nous devions traverser le tunnel du Salang qui venait d'être rouvert. On entrait dans cet étroit conduit – le plus haut du monde – la peur au ventre, et en priant pour en ressortir rapidement. Nous devions retenir notre respiration : l'air y était saturé de plomb et de vapeurs d'essence. Les autorités imposaient un seul sens de circulation par jour pour fluidifier le trafic. Cependant, il se trouvait toujours l'un ou l'autre commandant de village qui enfreignait la règle et qui provoquait de longues files d'attente en arrivant à l'inverse du mouvement. Le plus grand danger provenait des avalanches, très fréquentes à cette altitude. Elles pouvaient balayer routes et véhicules sur leur chemin. Tenter la traversée du tunnel avant ou après une coulée de neige était également une menace vitale, car on pouvait rester bloqués des nuits entières dans le froid glacial de l'Himalaya à prier pour que la voiture puisse repartir. Je m'en sortais miraculeusement à chaque fois. Mes administrateurs étaient généralement ravis quand je venais leur donner quelques conseils sur la façon de gérer leurs budgets et d'organiser leur tâche. C'était, en retour, un plaisir de les voir et de parler de la France, voire de déguster ensemble quelques boîtes de conserve ou un saucisson apporté par le dernier coopérant arrivé sur la base. Ces déplacements m'offraient toutefois la possibilité d'admirer la beauté étourdissante de ce pays incroyable, bien connu sur la route de la soie, mais que plus aucun touriste ne fréquentait depuis des dizaines d'années.

Environ quarante expatriés étaient engagés sur la mission afin de tenter de mettre en œuvre concrètement des projets imaginés à Paris et prévus dans les conventions signées avec des bailleurs de fonds, comme l'Union européenne ou les grandes agences des Nations unies. Ces financeurs étaient satisfaits d'avoir trouvé une ONG présente en Afghanistan juste après l'effondrement des deux tours de New York : les bombardements des villages pourraient être complétés des distributions de denrées pour les survivants... Peu d'ONG travaillaient en Afghanistan à cette période de l'histoire et pour cause, l'armée américaine continuait de pilonner les localités proches de Kaboul et personne ne pouvait se prétendre à l'abri d'un largage perdu. Dire que nos programmes agissaient avec efficacité serait mensonger : aucun des chefs de projets ne savait par où commencer, qui contacter, qui engager... Sur fond de guerre internationale, ce qui leur était demandé était infaisable. À mon arrivée, je ne croisais quasiment que des courageux décidés et volontaires. Ils provoquaient l'admiration malgré leur inexpérience, et leur très jeune âge. Ils devenaient par la force des choses, et souvent très rapidement, des adultes désillusionnés et fatigués. La situation extrêmement tendue rendait impossible le recours aux techniques classiques de gestion des ressources humaines que l'on m'avait apprises lors de mes études. Inutile de tenter d'imposer des procédures strictes ni même d'exiger le respect qu'en principe ma position aurait dû forcer. Les fous qui se trouvaient là savaient que personne ne jalousait leur place et vivaient la peur au ventre. Donner le moindre ordre aurait abouti à un effet négatif irréversible. Le fondateur de l'ONG qui pratiquait ces méthodes sur la mission en faisant fi d'un quelconque humanisme était haï pour cela. Personne n'avait envie qu'on le traite comme un moins que rien alors qu'il risquait tous les jours sa vie dans une guerre loin de chez lui, au service d'une structure désorganisée au possible. Et dont l'efficacité des actions restait à prouver. L'orgueil n'avait pas sa place. « Quand on a franchi les bornes, les limites n'existent plus. » Comprendre ce vieil adage m'a sans doute permis de proposer ce dont mes collaborateurs avaient besoin à ce moment. Je dessinais un cadre, donnais une écoute compatissante, un objectif de travail, une motivation à avancer grâce à la définition de contours précis aux tâches de chacun. J'assurais aussi un rôle de tampon avec la direction de l'ONG qui était loin de se douter que ses troupes survivaient dans l'angoisse depuis plusieurs mois. Mais la rupture paraissait proche. Aider les collègues à résister au stress était mon ambition – cela m'autorisait à laisser soigneusement à la porte ma propre terreur d'être immergée sans issue de secours dans un pays de fanatiques qui détestaient les Occidentaux et les femmes.

Ma situation, que j'avais acceptée au départ comme un challenge professionnel et humain, devint jour après jour un film d'horreur dont les personnages principaux étaient ma petite équipe. J'essayais fraîchement et naïvement de remonter le moral de cette jeunesse désillusionnée pendant mes premières semaines à Kaboul. Mais je ne tardais pas à rejoindre ses rangs, car toute la pression achevait sa course sur mes épaules, et je frôlais rapidement mes limites sans le recul bénéfique qu'apportent le repos et la solitude impossibles à trouver dans mon quotidien.

Immédiatement après mon arrivée, des colonies de bactéries intestinales élurent domicile dans mon estomac. Je marchais en tirant mes omoplates vers l'avant pour ne pas ressentir trop de douleur, et mon sommeil était peuplé de crampes qui provoquaient des cauchemars épouvantables. Je ne parvenais pas à soulager ma souffrance, et je finis par ne plus rien manger du tout. Je ne dissociais plus ce qui pouvait me faire du bien ou me rendre malade – je ne pouvais plus sentir l'odeur du riz que le cuisinier servait aux trois repas du jour, tout m'écœurait et je maigrissais à vue d'œil. En plus de mes problèmes d'estomac, mes pieds et mes mains se couvraient de grosses verrues et de champignons. Je souffrais de mycoses épouvantables que je soignais à grand coup de désinfectant puissant appliqué directement sur les muqueuses. Là encore, aucun secours ne semblait envisageable : nous n'avions pas de médecin dans l'équipe et aucun gynécologue local n'aurait accepté de m'ausculter. L'attention concupiscente des hommes dans la rue, au bureau, dans la maison, me rendait paranoïaque et je ne supportais bientôt plus leurs regards appuyés et lourds. Je devenais agressive et détestable envers les plus insistants qui n'hésitaient pas à me suivre et me harceler. Mais cela n'a jamais découragé un servant, qui venait remplacer ma thermos à thé dix fois par jour pour essayer d'apercevoir un bout de ma peau que je tentais de dissimuler au mieux. Je faisais en sorte de me rendre la moins attrayante possible – jusqu'à ne plus ressentir aucune notion de féminité – mais rien ne semblait calmer les fantasmes de ces hommes en manque de femmes. J'oubliais rapidement que mon esprit vivait dans un corps. Mon cerveau tournait à deux cents à l'heure tout le temps, mais ma chair avait comme disparu, comme avalée par l'absence d'intimité et les conditions de vie rude qu'offrait un environnement principalement masculin. Les gestes simples comme mettre de la crème sur mon visage, enduire mes lèvres de rouge ou masser mes muscles noués et douloureux m'étaient devenus étrangers. Je m'avilissais en pleine conscience, car j'avais la conviction que me montrer la plus insignifiante possible ne pouvait que me protéger des regards obscènes que je ne savais plus comment éviter et qui usaient mes nerfs. Je ne sentais plus l'eau couler sur ma peau quand je me douchais et ce que je humais du savon m'évoquait l'essence de térébenthine sans que je trouve cela anormal. Je continuais à prendre la pilule comme on s'agrippe à une bouée dégonflée au milieu d'une mer en furie. Je m'accrochais à cet acte comme à un dernier vestige d'une féminité outragée, presque mourante. J'avais « rencontré » un garçon de cinq ans plus jeune que moi. Il m'avait séduite par sa façon amusée de me regarder comme une femme sous mes guenilles sales et mon odeur de bouc crotté. Je faisais l'amour avec lui quand tout le monde dormait, tout en sachant pertinemment que ses motivations rejoignaient les miennes : nous sentir encore vivants alors que plus rien autour de nous ne faisait sens. Je n'avais même plus la naïveté à croire à une idylle – sa fiancée l'attendait en France, il le clamait fièrement au cours de chaque apéritif un peu trop arrosé. Je jouissais du moment sans chercher à analyser ce que réservait notre avenir. Le soir de mes vingt-sept ans, après une fête surprise organisée par mon équipe, je finis la nuit avec un Québécois fou, un déclencheur d'avalanches. Il avait réussi à me séduire par sa gentillesse et son désir assoiffé de vie après avoir risqué sa peau durant des semaines au-dessus du Salang. Il avait également su me rappeler ma petite maison en Ardèche et sa douceur de vivre, en parlant de sa cabane au Canada, elle aussi au milieu des arbres. Nous nous sommes envolés dans le plaisir en pensant chacun à sa chaumière au soleil. J'aurais pu tomber amoureuse d'un tel phénomène, mais à l'instar des journalistes à sensation, il disparut de Kaboul sans préavis et sans revenir.

Plutôt que de partager une chambre collective ou de changer de lit tous les soirs, j'avais décidé de dormir dans un couloir de quatre mètres carrés qui au moins me serait réservé. J'installais sur le sol un fin matelas de coton qui laissait pénétrer toute l'humidité des fondations de la *guest-house* dans mes os transis. Toute la maison empruntait ce passage à n'importe quelle heure du jour ou de la nuit pour aller à la salle de bain. Quand ce n'était pas un collègue dérangé qui avait besoin d'utiliser les toilettes, ou le vacarme inquiétant du bombardement d'un village proche, c'était le muezzin qui hurlait son appel lugubre à cinq heures du matin et me réveillait. Mon sommeil était peuplé d'ombres et rythmé par le stress, je ne me reposais jamais. Au petit-déjeuner, je prenais un café et quelques biscuits secs, de préférence seule. Puis j'attrapais ma radio et filais dans les rues de Kaboul pour me rendre au bureau où je travaillais d'arrache-pied toute la journée, sans une pause et sans manger. Assise derrière mon portable, j'avalais plusieurs litres de thé sucré et sautais le repas de midi. Puis je rentrais à la maison, partageais un moment à table en compagnie de l'équipe et des hôtes du soir, écoutais un peu de musique sur mon ordinateur avant de rejoindre mon tapis dans le couloir, pour recommencer le lendemain... Je vivais un quotidien de prison alors que je n'avais commis aucun crime.

Les Afghans que je côtoyais me paraissaient à la fois doux et rudes. Ils me faisaient peur, car ils semblaient nés avec l'idée que la mort rôdait partout, comme une fatalité, et que l'usage voulait qu'on la croise tôt dans sa vie. Dans ce pays où personne ne devenait vieux, l'importance d'une âme apparaissait très relative. Les discours de ces pères de famille durs et paradoxalement tellement fragiles qui banalisaient une violence extrême et une criminalité simple et glaçante, acceptées de tous, me choquèrent. L'existence de cette déshumanisation ordinaire me faisait frissonner d'horreur... Je compris que mon destin ne valait absolument rien aux yeux de ces gens, et je n'avais pas vraiment besoin de cela dans ma situation angoissante. L'épouvante me guettait.

Ma quête de factures et de contrats ne plaisait pas à tout le monde, et je fus fatiguée de lutter après trois mois. J'avais conclu que des employés locaux haut placés dans l'organigramme avaient orchestré de savants et conséquents détournements d'argent humanitaire à des bénéfices personnels. En retour, ils prenaient narquoisement de haut tout individu qui tentait de mettre un peu d'ordre dans leur trafic. On répondait ironiquement à mes interrogations qu'on se trouvait en Afghanistan en pleine guerre, pas en Europe... L'excuse devenait lourde de sous-entendus, et comme je n'avais pas envie que ma jeune vie s'achève brutalement d'une balle dans la tête, je décidai de ne plus m'acharner.

J'avais renoncé à obtenir une quelconque reconnaissance du travail accompli de la part de qui que ce soit. Mes collègues également. Nous nous échinions comme des esclaves et avions des conditions de subsistance épouvantables. Personne n'avait idée de ce que nous vivions. Pour le bureau parisien qui subissait la pression de ses donateurs pour les impossibles engagements pris dans les conventions signées, c'était plus facile de reporter la tension sur nous. Ainsi, on nous chargeait chaque jour de dossiers fraîchement validés, d'autres évaluations, de nouveaux audits. Nos proches ne nous témoignaient aucune compassion : nous leur imposions l'angoisse de nous savoir dans un pays en guerre, nous comprenions qu'ils nous culpabilisent afin de nous faire renoncer. La notion d'altruisme atteignait ses limites pour moi : je ne voyais pas du tout en quoi je partageais quoi que ce soit. J'étais un animal à traiter les chiffres, mon travail n'offrait rien de solidaire. Nous n'étions pas des héros comme on nous avait vendu la chose au départ, mais des ânes naïfs exploités qui sacrifiaient une belle tranche de jeunesse et d'illusions à un combat vain. Nous risquions notre vie chaque jour, et je ressentais le goût amer d'un immense gâchis financier.

J'avais presque perdu la foi en mon métier. Je ne comprenais pas pourquoi les Américains et forces alliées avaient décidé de quasiment raser un pays alors qu'ils recherchaient un groupe de terroristes. En quoi ces femmes, ces fillettes que les bombes assassinaient chaque jour s'étaient-elles rendues coupables de quoi que ce soit? L'objectif ultime consistait à retrouver Ben Laden et ses complices. Ils devaient payer pour ce qu'ils avaient commis à New York. Mais qu'y pouvaient ces pauvres enfants massacrés dans les écoles? Le dernier arrivé des mercenaires savait que le pire meurtrier de la décennie se cachait du côté de Kandahar. Pourquoi donc viser les hôpitaux de Kaboul, de Taloqan? La stupidité et l'inutilité du conflit armé s'imposèrent à nouveau à moi. Une fois encore, je ressentis la perfidie de notre situation : malgré le slogan de paix imprimé sur nos tee-shirts et le camp que nous avions choisi, nous étions également des acteurs de guerre. Nous étions chargés de rendre une part de bonne conscience à ceux qui commanditaient les erreurs tactiques qui décimaient des villages entiers d'innocents. Rien n'avait de sens. Le Programme alimentaire mondial larguait ses denrées d'urgence par hélicoptère dans des champs de mines et envoyait des centaines d'enfants affamés à l'amputation et à la mort : n'avait-on jamais entendu quelque chose d'aussi inepte?

L'épuisement me gagnait peu à peu et je ne parvenais plus à trouver en moi la force de rebondir, de repartir, d'avancer. Je n'avais pas de nouvelles de mes proches depuis longtemps. Les seules connexions Internet se faisaient grâce à un téléphone satellite et on nous avait priés d'éviter les mails personnels pour ne pas saturer la bande passante. Nous avions droit à trois minutes d'appel vers l'Europe toutes les semaines, cela faisait peu. J'avais changé d'adresse Internet en arrivant en Afghanistan, et plus aucun de mes amis ne savait où me joindre. Je n'avais plus d'effet miroir sur mon expérience originale, plus de mots gentils, encourageants, admiratifs ou envieux, plus de nouvelles de l'ennuyeux Luxembourg qui auraient pu me conforter dans mon choix de m'être expatriée ici… J'étais seule avec mes compagnons de cauchemar. Les champs de mines bordées de pierres tantôt rouges ou blanches destinées à délimiter les portions infestées des endroits sains hantaient mes nuits et je rêvais de courses folles dans les prairies lorraines ou de baignades fraîches dans ma rivière ardéchoise.

J'avais appris dans les Balkans que lorsqu'on présumait qu'une situation difficile ne pouvait guère devenir pire, le destin se chargeait toujours de vous prouver le contraire. Une catastrophe en amenait en général une autre, comme si un équilibre étant rompu, le château de cartes en entier devait s'effondrer. Nous subsistions à notre quotidien comme des chiens et la misère nous poursuivait chaque matin jusqu'à notre bureau, noyée dans les yeux délavés des petits mendiants crasseux et orphelins pour qui aucune ligne n'était prévue dans nos budgets démesurés. Mon cœur se brisait quand je refermais le portail sur eux.

Mais comme si tout cela ne suffisait pas, nous fûmes victimes de deux tremblements de terre. Le premier frappa Kaboul et nous secoua violemment, même si nous étions relativement éloignés de l'épicentre. La veille, l'ambassade de France nous avait très exceptionnellement invités à une soirée. Le pastis avait coulé à flots dans nos estomacs vides, fatigués, malades et sobres depuis de nombreuses semaines et nous étions tous rentrés avinés à vomir. Je m'étais tout de même courageusement installé derrière mon poste de travail le lendemain matin. Je progressais péniblement sur un rapport financier quand j'entendis soudain un grondement sourd qui monta du sol et sembla se propager dans les murs et le plafond au-dessus de ma tête. La pièce entière se mit à tanguer, et je pris un certain temps pour comprendre que ce n'était pas dû à mon ivresse de la veille. Les meubles commencèrent à glisser, mon ordinateur portable m'échappa des mains et je réalisai enfin ce qui se passait en voyant la paroi blanche face à moi se fissurer instantanément. Je ne réfléchis pas une seconde, empoignai mon outil de travail et filai vers le jardin où une grande partie de l'équipe était déjà rassemblée. La maison tint solidement debout, mais autour de nous, toutes les constructions traditionnelles en terre et torchis s'effondrèrent dans un immense nuage de poussière.

Cette petite secousse ôta la vie à plusieurs centaines de victimes, et en annonçait pourtant un plus meurtrier qui frappa Nahrin quelques jours plus tard. L'épicentre cette fois se trouvait près de notre base de Pul-I-Khumri, et mes collaborateurs se retrouvèrent rapidement dans le feu de l'action. Le village fut tout simplement rayé de la carte en quelques minutes et les morts se comptèrent par milliers.

Les Nations unies confièrent à notre ONG la coordination de l'aide humanitaire qui arrivait du monde entier et notre *guest-house* de Kaboul devint du jour au lendemain le nouveau repère des grands reporters des chaînes les plus regardées de la planète. Jamais dans ma vie je n'avais assisté à une telle effervescence égoïste. On se serait cru à une foire d'empoigne ou à une vente aux enchères de bovins rares. Chacun voulait être le premier à monter dans l'hélicoptère accompagné de son matériel lourd et encombrant alors que les vols étaient prévus pour acheminer des instruments et médicaments d'urgence destinés à tenter de secourir d'éventuels survivants. Ce fiasco médiatique honteux m'écœura.

Je supervisai toute la logistique et les finances de cette opération d'urgence, récupérai des équipements de nos autres projets (tentes, couvertures, kits d'hygiène…) pour les diriger vers ces nouvelles victimes. De Paris, Londres, Genève, Washington, tous les bailleurs de fonds exigeaient que leur logo figure sur les sacs de nourriture qui seraient distribués lorsque les caméras du monde entier filmeraient le sauvetage d'un miraculé.

La base de Pul-I-Khumri avait monté un campement dans le village effondré. Des expatriés étaient arrivés de France afin de porter main-forte à mes collègues épuisés. Je me rendis sur place après quelques jours pour clarifier les aspects financiers et logistiques avec les membres de mon équipe. Les nuits sous la tente à proximité de la catastrophe s'écoulaient étrangement, à la fois dans le calme et l'agitation. L'immobilisme de la mort qui avait achevé son œuvre semblait tourmenté par les milliers d'esprits qui tourbillonnaient à la recherche d'un enfant, d'un frère ou d'une mère. Notre équipe avait pris un coup violent sur la tête avec ce nouvel évènement tragique. Certains de mes compagnons avaient dormi en moyenne deux heures par jour pendant trois semaines et ce qu'ils avaient vécu les avait brisés. Une coordinatrice expérimentée habituée à gérer des situations d'urgence me raconta qu'elle avait décidé d'arrêter cette profession. Elle avait trouvé une fillette morte devant sa tente en se levant un matin : sa mère confiante avait simplement déposé son corps inerte dans la poussière, à même le sol, dans l'espoir que l'un des étrangers pourrait le sauver. Puis elle était allée enterrer ses deux autres enfants.

La vue des quelques rescapés qui avaient pu obtenir des soins ou être extraits des décombres donna à l'équipe la reconnaissance dont elle avait besoin. Mais il manquait à mes collègues une légitimation de la part d'un siège parisien à nouveau silencieux depuis le départ des journalistes. Je rentrais à Kaboul épuisée. Un non-sens de plus...

Je sombrais dans la désolation et avais tour à tour l'impression de glisser à toute vitesse sur une piste noire et de sauter d'un plongeoir beaucoup trop haut. Aucune main ne se tendait vers moi pour ralentir ma chute. Mes collègues erraient dans un état semblable au mien, je n'entrevoyais plus aucune perspective positive. Épuisement physique absolu, effondrement moral, je compris que je n'étais pas programmée pour subir autant de stress. Une panique épouvantable m'a subitement saisie du plus profond de mes tripes, occupant toutes mes pensées comme une constante paranoïa. Je rêvais, respirais plus que pour une seule chose : rentrer en France, retrouver un socle, un ancrage, une bouée qui pourrait me sauver de la dérive qui m'entraînait au large chaque jour un peu plus loin.

Je décidais de quitter la mission aussi vite que possible. Je ne voulais plus perdre une seconde, et passai un appel satellite au bureau de Paris où je demandais à parler à la directrice. Je lui annonçais mon choix, espérant peut-être un peu de compassion de sa part, mais rien de tel ne se produisit : elle prit très mal la nouvelle, comme j'aurais pu m'en douter. En raccrochant, je fus soulagée. Je me moquais de ce que tout le monde allait penser de ma lâcheté : je devais sauver ma peau.

J'avais toujours ressenti pour le coordinateur de la mission un profond respect, même si nos rapports demeuraient peu fréquents, car il était très occupé et préférait de loin la gestion de projets à la comptabilité analytique et l'administration. Il m'écoutait avec attention quand j'éprouvais des difficultés, et savait me conseiller avec calme et aplomb. Il édictait des instructions claires, et de fait, il rassurait. Il accomplissait son travail du mieux qu'il pouvait avec les moyens qui étaient les siens, avec la considération pour les membres de l'équipe et la conscience de l'opacité de la situation dans laquelle nous évoluions. Il me faisait confiance, et je lui rendais cette confiance.

Il fut remplacé quelques jours après ma décision de partir, et le nouvel arrivé se positionna exactement à l'opposé. Colérique, il n'écoutait que ses envies, comme si le contexte que nous subissions devait être vécu comme une plaisanterie, fouillait dans mes dossiers, donnait des ordres contraires aux miens à mes collaborateurs, exigeait une obéissance déférente des chefs de programme. Il imposait de longs déplacements à travers tout le pays pour assister à des réunions tant inutiles que chronophages, faisant fi de toutes les consignes de sécurité auxquelles nous étions habitués. À la mi-juin, il planifia un « rassemblement stratégique » destiné à confronter les enjeux de la coordination et de l'administration de projets. Au lieu de l'organiser à Kaboul où travaillait l'essentiel de l'équipe, il choisit Mazar-e Charif. Nous connaissions peu cette ville, car nous n'y avions implanté aucune base. De plus, elle était localisée en zone très sensible, et abritait le plus important lieu de culte du pays voire de la région.

Je ne voulais pas entendre parler de ce rassemblement, car je m'étais fixé l'objectif de laisser une situation « propre » au niveau des rapports financiers avant mon retour en France. Il ne me restait plus que deux semaines pour abattre une tâche titanesque, voire impossible, aussi je refusais purement et simplement d'aller à cette rencontre. Je ne pouvais pas me permettre de perdre au bas mot quatre jours de travail. Afin de tempérer la fureur noire de celui que j'osais défier ainsi, j'acceptais la proposition de Jean, mon assistant, qui demanda à me remplacer. Il voulait profiter de ce déplacement pour passer du temps avec sa nouvelle petite amie, une jeune Américaine tout juste arrivée sur la mission. Je lui confiais quarante-mille euros à remettre à mon collègue de Bamiyan en nécessité de fonds. Je lui retournais un clin d'œil complice quand ils quittèrent la base à bord d'une grosse Jeep moderne et solide – une fois n'était pas coutume... Puis je travaillais sans m'arrêter toute la journée et rentrais à la *guest-house* le soir, le sourire aux lèvres en pensant à ma douce Lorraine que j'allais bientôt retrouver. Je dormis d'un sommeil de plomb dans une maison étrangement calme.

Je partis tôt au bureau à mon réveil, bien décidée à clôturer quelques rapports financiers, mais à mon arrivée, le téléphone résonnait anormalement dans les locaux encore vides. Jean essayait de me joindre depuis une heure. Il hoquetait en tentant de parler, et répétait en boucle des mots incohérents. Je compris que je devais imprimer une copie de son passeport et de celui de son amie et filer sans préavis à l'ambassade de France qui m'attendait. Je ne parvins pas à en savoir plus : on devait les exfiltrer de toute urgence hors du pays. Je m'exécutais en abandonnant tous mes dossiers. À la délégation française, je n'obtins aucune information de plus. Je m'entretins quelques minutes avec un conseiller à qui je remis les papiers demandés, puis on me pria poliment de repartir là d'où je venais. J'arrivais pour la seconde fois au bureau une heure plus tard et plongeais dans un climat de panique générale. Je finis par apprendre par petites bribes ce qui s'était passé : l'équipage s'était fait stopper par des brigands à hauteur des canyons qui précèdent Mazar, peu avant minuit. On les avait intégralement dépouillés après des tirs de semonces à la kalachnikov. Les voleurs avaient physiquement agressé l'Afghan qui les accompagnait et qui tentait de résister. Mais ils avaient épargné Jean et son amie. Ces derniers avaient repris la route dans la matinée pour rentrer à Kaboul. Je mis l'incident dans une case de mon cerveau pour continuer à avancer sur mon travail. Je surveillais avec inquiétude les arrivées à la base. Jean et sa compagne atteignirent Kaboul en toute fin de journée. Elle ne prononçait pas un mot, muette comme une tombe, et lui ne cessait de murmurer comme un aliéné : « C'est terrible, c'est horrible, c'est allé trop loin, jamais je ne pourrais oublier, c'est trop grave ». Il tournait dans notre bureau comme un lion en cage, et je ne parvenais pas à échanger plus de quelques bribes avec lui sans qu'il reparte dans son délire. Il avait manifestement subi un choc violent, et je pensai immédiatement que quelque chose de plus conséquent que ce que l'on avait bien voulu me raconter s'était produit la veille. Je calmais ma paranoïa en tentant des mots réconfortants qui ne rassuraient personne. Je me sentais moi-même au bord de la rupture psychologique, alors je laissais passer l'orage sans plus insister. Le lendemain, ils prirent un avion des Nations unies pour Islamabad, puis un autre vol vers les États-Unis. Le siège de l'ONG ne nous dit rien de plus, le coordinateur à l'origine du déplacement à Mazar était de plus en plus agressif, inutile donc de lui demander quoi que ce soit. Il ne me resta qu'à me remettre à la tâche et à me taire, plus seule que jamais au milieu des chiffres, dans ce pays hostile, sans l'aide précieuse de mon cher assistant.

Deux semaines plus tard, mes bagages étaient presque bouclés pour m'en aller enfin. J'avais atteint mes objectifs, je recevais quotidiennement des nouvelles de Jean qui me vantait les orgies de pizzas qu'il vivait aux États-Unis. Je me sentais à la fois plutôt contente du travail que j'avais accompli et rassurée pour mes deux collègues. Les Nations unies avaient confirmé ma place à bord d'un vol pour le Pakistan, et je prendrai le premier départ disponible pour Paris, car je ne voulais plus traîner un jour de plus dans la région. Plus que rentrer chez moi, je quittais l'Afghanistan, j'en jouissais presque à chaque instant de soulagement. J'étais parvenue au bout du combat que je m'étais imposé, mais je n'avais plus aucune force pour continuer. Je ne savais même plus comment j'avais fait pour survivre à cet enfer pendant de si longs mois. Tout était allé très lentement et très vite à la fois.

La veille de mon vol, j'entrai dans la salle du petit-déjeuner, un peu plus tard que d'habitude. Une femme «grand-reporter» française était assise et lisait un magazine dans un fauteuil. Je m'installais à la table et me servis machinalement un thé trop sucré. J'avais l'esprit déjà bien loin de Kaboul, aussi, je sursautai quand elle s'adressa à moi le plus naturellement du monde. Elle jeta juste une courte phrase, sans même me regarder, et me glaça d'horreur : «Alors, comment votre équipe gère le viol collectif ? »

Le liquide tiède remonta dans mon œsophage et je me retins à grand-peine de vomir. Le visage ravagé de Jean, les dernières paroles qu'il avait dites avant de partir, le mutisme de son amie : tout prit un autre éclairage, et tout devint enfin évident.

On avait informé tout le monde du drame dans ses moindres détails, je ne sais pas de quelle façon. Nous étions les seuls à ignorer ce qui s'était passé. Nos dirigeants n'auraient pas pu nous trahir plus. Sans prononcer un mot et sans une politesse, je quittais la pièce du petit-déjeuner et m'enfuis vers le bureau, l'unique endroit où je pouvais m'isoler.

Je m'effondrai anéantie, choquée et tremblante sur mon siège. J'avais envie de fuir quelque chose à l'intérieur de moi, de hurler une panique d'être en danger de mort dans un pays de fous, entourée d'inconscients irresponsables coupables de silence meurtrier. Quelques minutes plus tard, un de mes administrateurs frappa timidement à ma porte. Je compris à son visage qu'il avait lui aussi rencontré la journaliste. Il avait eu le courage de poser quelques questions et avait appris qu'en plus d'une agression à la kalachnikov, les brigands avaient entraîné mes collègues dans le désert. Ils avaient attaché solidement les deux hommes, puis l'ensemble des assaillants avait violé la compagne de Jean, l'un après l'autre, cinq au total. Ils ne les avaient pas tués uniquement par hasard ou par miracle. Une équipe de MSF basée à Mazar les avait pris en charge, et un médecin avait administré les premiers soins à la jeune femme, notamment un traitement préventif pour éviter une possible infection par le VIH. La suite de l'histoire, c'était l'appel de Jean, puis le secret.

Une colère indicible monta en moi. J'étais courroucée après tous ceux qui avaient osé nous cacher cette vérité, nouveau coordinateur, direction parisienne. Je ne parvenais pas à y croire. Pour moi, ce silence sonnait comme un crime. Nous vivions au cœur d'une jungle meurtrière, sans aucune arme pour nous défendre, sans personne pour nous protéger, dans une nation de terroristes et de fous furieux. J'imaginais la haine qui était en train de grandir en Jean. Il avait vu son amie se faire torturer de la pire des façons sans pouvoir réagir. Cette même haine prenait de plus en plus de place en moi à chaque seconde. À quoi rimait cette farce d'aide humanitaire dans un pays où nous n'étions pas les bienvenus ?

Heureusement, je partais le lendemain. Mais tous les autres restaient.

L'ultime pierre venait de me briser en mille morceaux. La dernière goutte d'eau avait fait déborder le vase.

RETOUR

La campagne champenoise défilait sous mes yeux secs. Les larmes ne voulaient plus couler. Les nuages projetaient des ombres sur les champs de colza jaune vif et une chaleur bienfaisante s'échappait des sols humides en ce début d'été, mais je ne voyais rien, je ne sentais rien. J'étais hébétée, assommée. Le TER qui m'emmenait vers la Lorraine cheminait trop lentement. Mon cœur était bloqué sur une monstrueuse certitude qui peut-être semblait pire que l'idée de la guerre : celle de l'indifférence des hommes. L'inutilité absolue du combat que j'avais cru mener pendant les mois précédents m'apparaissait sans équivoque. J'avais usé ma santé, ma jeunesse, mes illusions sur un terrain qui ne serait jamais le mien, tout cela pour rien. Rien. Et au-delà de cette parfaite vacuité, le sentiment glacial et évident que j'étais et serai seule au monde. Toujours.

Plus rien n'existerait jamais comme avant : mes rires, mes amitiés, mes amours seraient désormais empreints de gravité. Cette solitude abominable ferait partie de moi, quoi qu'il en soit. Ainsi que l'horreur, l'incompréhension, la méchanceté, la destruction. Alors je ne pouvais que regarder les vaches dans les champs, la bouche ouverte et les yeux fixés sur le vide.

J'avais donné mes jours et mes nuits dans un combat sans relâche, sans me plaindre, et en tentant de respecter au mieux l'engagement que j'avais pris en acceptant la mission. Malgré cela, mon débriefing de retour avait duré en tout et pour tout dix minutes. J'éprouvais l'impératif de parler. Dire enfin ce que je pensais de la gestion de la situation de crise que nous avions vécue les semaines précédentes. J'avais besoin d'être entendue, comprise, rassurée sur le fait qu'une telle abomination ne devait pas être tolérée, que le monde de la solidarité internationale au moins condamnait ces actes. Mais je fus rapidement interrompue dans mon élan : on me rétorqua en deux mots que je péchais par orgueil de vouloir aider les gens sans en avoir la faculté. La directrice de l'ONG conclut le court entretien par cette phrase qui me coupa le souffle :

« Si tu n'es pas capable de supporter "ça", tu n'as rien à faire dans l'humanitaire ».

Mon cerveau se bloqua sur le bouton « pause ». C'était trop.

*J*e passais les semaines suivantes dans un épais brouillard. Je ne cherchais que le silence au lieu de quoi j'entendais toute la journée à en crier de rage : « On t'avait dit de ne pas aller là-bas. On t'a assez répété que c'était une mauvaise idée… » Ou encore : « C'est bon, est-ce que tu as compris ? Est-ce que tu vas enfin trouver un emploi normal ? Un mari ? À ton âge, tu ferais mieux de concevoir des enfants… » Ou pire : « Ne penses-tu pas que nous accueillons déjà assez de malheureux en France ? Pourquoi as-tu besoin de vouloir aider les Arabes ? »

Je n'intéressais personne avec mon aventure, car pour tout le monde, c'était du passé. J'étais rentrée, le reste n'avait aucune importance. L'artiste espagnol qui avait failli devenir une histoire d'amour me faisait payer cher le fait de l'avoir délaissé en me traitant comme une moins que rien quand je proposais de le revoir. Gilles paraissait heureux en ménage, dans la mesure où il avait changé de numéro de téléphone. Je ne pouvais plus entrer dans un supermarché : l'abondance obscène des produits de consommation en tout genre, la concentration de toutes ces personnes avides et inconscientes qui sillonnaient les rayons pour posséder toujours plus, bouffer jusqu'à en éclater, m'étourdissaient. Je retrouvais le mensonge de la vie que j'avais menée à Luxembourg avant de partir. J'étais visiblement obligée d'y retourner puisque je ne disposais pas d'aptitude pour faire différemment. Le spectacle des cadres prétendument supérieurs, que je croisais dans les bars que je fréquentais, me laissait dubitative. Je ne savais pas au juste si j'enviais la chance qu'ils avaient d'occuper une place dans un système, même contestable, ou s'ils me dégoûtaient parce qu'ils incarnaient une insouciance confortable que j'étais condamnée à ne plus jamais ressentir.

Mes nuits étaient peuplées de cauchemars terrifiants. Je me réveillais en sueur, croyant entendre des avions bombarder mon village natal. Les talibans qui avaient fini par me retrouver s'apprêtaient à m'exécuter avec leur arme automatique. Ou bien je perdais tout mon sang après l'amputation d'une jambe à cause d'une mine.

Ma mère était exaspérée de me voir traîner sans but, et ma fierté était durement mise à l'épreuve par mon manque d'argent et mon absence d'autonomie pour tout. Même pour aller boire un verre, je devais emprunter la vieille voiture familiale. C'était comme si j'étais redevenue une adolescente difficile. Je m'étais inscrite au chômage, puisqu'on m'avait officiellement licenciée. À l'Agence nationale pour l'Emploi, je côtoyais des personnes qui m'apparaissaient moins déprimées que moi.

Malgré les jours qui s'écoulaient, je ne parvenais pas à me sentir mieux. Le goût de la vie semblait m'avoir fui à jamais.

Le besoin d'échapper à cette culpabilisation permanente me poussa un matin à reprendre la route. Trois semaines vides s'étaient écoulées depuis mon retour d'Afghanistan. Le mois d'août était déjà un peu avancé, et l'été serait bientôt terminé.

Je demandai avec humilité à ma mère de me prêter sa vieille Nissan pour une durée indéterminée. J'aspirais à partir pour retrouver ma cabane en Ardèche, unique survivante de mon naufrage financier, seul point de chute envisageable où je pourrais me sentir chez moi, entière et sans contraintes. Si personne en Lorraine ne pouvait me soulager, mes chères montagnes, elles, trouveraient bien le moyen de me venir en aide. Je m'en remettais à leur force avec une confiance désespérée. De toute façon, tout valait mieux que de continuer à végéter. Je ne voulais pas fixer de date de retour, et ma mère comprit.

Tandis que je roulais vers le sud de la France, mon cœur cogna un peu plus fort dans ma poitrine. Tout n'était peut-être pas perdu…

J'arrivai en plein après-midi, garai ma voiture dans le champ du voisin comme à notre habitude, et empruntai les escaliers qui menaient à la bergerie, en contrebas de la route. Là, incapable d'aller plus loin, je m'effondrai sur les marches en pierre recouvertes de ronces. Je restais quelques minutes sans bouger. Petit à petit, le chant vigoureux des cigales et des oiseaux s'immisça dans mes oreilles. La douceur du ruissellement de la rivière sur les rochers me pénétra avec violence. J'ouvris les yeux : les arbres pliaient avec force sur la colline et tout autour de moi. Toute la vie du monde explosait à mes pieds, et plus aucun son des hommes ne me parvenait. Et là, j'éclatais en sanglots de soulagement, de fureur, de tristesse, de terreur. J'étais enfin seule.

près une nuit tourmentée par la visite de souris et de faucheuses sous ma couette, je me réveillai dans la fraîcheur et le silence. Je me préparai un café et mangeai quelques biscuits emportés dans mes bagages.

Puis j'entrepris le grand ménage de ma cabane, qui en avait bien besoin après deux années d'abandon. Je balayai le sol, époussetai les meubles, poursuivis des dizaines d'araignées d'une grosseur terrifiante, aérai, aspirai les murs, nettoyai le plafond, lavai la vaisselle qui sentait le moisi. Enfin, je décidai d'aller m'approvisionner à la coopérative du village pour m'offrir un apéritif digne de ce nom dans mon refuge désormais habitable. La journée se termina par une sieste de quatre heures, suivie immédiatement par une nuit de sommeil agité.

J'avais faim.

Je touchais des allocations chômage correctes, aussi au second jour de mon arrivée, je choisis de partir à la découverte des restaurants traditionnels les plus gourmands de la région. Dès qu'un endroit me plaisait, je m'installais pour une orgie de charcuterie, poissons, plats populaires et vins millésimés que je cuvais au bord de la rivière avant de remonter chez moi. J'occupais les deux semaines qui suivirent de cette façon. Rien n'avait assez de goût et n'était servi en quantité suffisante. Je n'avais jamais été une grande mangeuse, mais là, j'avalais sans limites. Je me régalais, jouissais de toute cette opulence qui m'était offerte. Je me réconciliais avec mon corps en souffrance. Mes règles revinrent un matin comme par enchantement.

Quand je rentrai, je dormais de longues heures sur mon matelas, dans ma mezzanine à l'abri des regards et des gens. Je me réveillais systématiquement trempée et hurlante de terreur. Pour me calmer, je lançais ma débroussailleuse à l'assaut des ronces. J'abattis un travail monumental en quelques semaines, sous l'œil médusé des habitants du village qui voyaient jour après jour se transformer ma petite parcelle de terrasses. Je m'acharnais pour gagner le moindre mètre carré sur la nature sauvage, j'apprivoisais de ma colère sans limites le monde brut qui m'entourait.

Je hurlais souvent au milieu des bois. Je sentais que ces cris me rapprochaient de moi-même et de celle dont j'avais égaré l'identité dans des pays en guerre, de celle qui avait su s'aimer un jour avant de se perdre.

Je mis fin aux restaurants du jour au lendemain pour ne plus rien manger du tout. Je buvais des kirs châtaigne dès midi, seule, pour ne cesser qu'en sombrant dans le sommeil. Quand des somnifères m'auraient abattue, l'alcool aiguisait mes souffrances et ma solitude. Je préférais subir ces douleurs en pleine face plutôt qu'oublier. Mon angoisse et mon épouvante de vivre me déchiraient puissamment, et elles ne pouvaient pas rester en moi, elles devaient sortir. J'avais bien l'intention de ne plus me mentir. Je voulais juste m'écouter, entendre ce qui faisait le plus mal.

Le terrain autour de la bergerie devint à peu près accessible, aussi je pris le parti d'entreprendre des travaux de rénovation de ma cabane. Je passais mes matinées à peindre, poser du lambris, traiter les poutres en bois de ma charpente, remplacer le linoléum. Puis je décidai d'équiper la maison en achetant de petits meubles pour améliorer un peu mon confort encore basique. J'acquis un nouveau frigidaire, une table et quatre chaises. Puis j'entrepris de confectionner un bac de douche sommaire avec du mortier et des tuyaux. Après ces heures constructives, je m'allongeais sur mon lit de fortune peuplé d'insectes et je rejoignais les mines, les bombes et les fanatiques. Mon sommeil s'achevait toujours par des hurlements.

Je me sentais vieille et usée. Mes vingt-sept ans m'en paraissaient soixante-dix, j'avais perdu le sourire et le goût des autres. Je ne parlais à personne, je n'avais pas allumé mon téléphone portable depuis mon arrivée et je n'en avais aucune envie. Je ne donnais de nouvelles à personne. J'étais seule avec moi-même, je ne voulais aucune compagnie. La tentation de me réconcilier avec les fantômes de ma vie passée remontait de temps en temps, notamment celle de revoir Gilles pour savoir où il en était, mais je n'y succombais pas. Je me moquais de tout, surtout de lui, qui m'avait si profondément blessée et humiliée. Je retrouvais ses chaussures et ses vêtements partout dans la maison. Je les jetai à la poubelle.

Mon corps me dégoûtait et je ne parvenais pas à concevoir que quelqu'un puisse le caresser à nouveau un jour. La confiance en moi qui me rendait séduisante avant mon départ dans les Balkans avait fondu comme la neige au soleil et je me trouvais laide et grosse. Je me lavais à l'eau froide tous les matins, mais aucune coquetterie ne me venait à l'esprit. Dans mon état léthargique, mon apparence semblait la dernière des priorités.

Ma tête flottait dans un brouillard épais permanent. Je ne savais plus si la brume suivait une logique psychologique mise en place pour ne plus penser ou si c'était simplement parce que l'alcool gorgeait mon sang chaque heure du jour et de la nuit. Passer une commande dans un bar ou un restaurant me paraissait une épreuve insurmontable à chaque fois : j'avais la certitude qu'en parlant, les gens allaient comprendre que je devais être enfermée rapidement dans un asile psychiatrique.

J'acceptai un jour de rejoindre des amis de Luxembourg descendus en vacances dans le Lubéron. Je ne les avais pas vus depuis longtemps, et je me disais qu'un petit rappel de normalité et de socialisation ne pourrait que me faire du bien. Une crise épouvantable d'angoisse paranoïde me tomba dessus alors que nous avions simplement pris place à une terrasse pour boire un verre de vin blanc. J'étais convaincue qu'une bombe allait exploser ou qu'un client du bar allait se jeter sur moi et m'égorger. Je rebroussais chemin de toute urgence vers mon isolement en Ardèche en m'excusant platement auprès d'eux : il était trop tôt pour moi.

J'évitai désormais d'aller à la ville voisine : je ne supportais pas qu'une personne marche derrière moi dans la rue, j'imaginais immédiatement qu'elle allait me sauter au cou et me tuer. Alors je restai dans mon refuge, mon unique havre de sécurité.

Je pensais que les seules âmes capables de comprendre ce que je vivais – mes frères de sang – étaient mes compagnons de mission, rentrés en France eux aussi après une période plus ou moins longue à me survivre en Afghanistan. Je recherchais leur contact comme on fouille le désert pour trouver de l'eau. Je parcourais des dizaines de kilomètres pour aller au café Internet installé dans un petit village, et dont la connexion fonctionnait un jour sur trois. Je recevais des nouvelles de mes anciens collaborateurs comme des bouffées d'oxygène vivifiantes alors qu'elles étaient tout sauf réjouissantes. C'était comme si cela confirmait le fait que tout cela était bel et bien réel, que je n'avais rien inventé. Que ce qui me faisait trembler de terreur n'était pas que la production de mon cerveau dérangé. Si tout cela était vrai en dehors de moi, c'était bien la preuve que je n'étais pas la démente que je pensais être. Je passais de longues heures au téléphone avec Jean qui était rentré lui aussi. Nous échangions nos états d'âme, nous souffrions tous deux du similaire mal-être, nous nous questionnions de la même façon sur notre avenir et sur le sens à donner à tout cela.

Début septembre, il décida de rassembler ceux d'entre nous qui se trouvaient dans l'Hexagone. Il nous convia dans une immense maison avec piscine, qui siégeait majestueusement sur les hauteurs de Grenoble. C'était la propriété d'amis de ses parents en voyage pour l'été qui lui avaient prêté les clés. Je m'y hâtais comme on va à un mariage, un enterrement et un baptême tout en même temps. Je devais y être. J'allais pouvoir partager ce que je vivais avec des gens qui comprendraient, j'allais enfin pouvoir échanger sur mes ressentis et mes traumatismes. Je les revoyais pour la première fois, lui et sa compagne, depuis leur évacuation de Kaboul, mais aussi depuis que je savais ce qu'ils avaient enduré. Nous bûmes à outrance. Mon amant de mission venait d'arriver de la Drôme. Il me méprisa ouvertement, comme si ma personne catalysait à elle seule toutes les souffrances qu'il avait ramenées avec lui d'Afghanistan. Je repartis de cette veillée ivre au volant de la vieille voiture de ma mère que je maltraitais dans les virages étroits et les précipices profonds des Alpes. Je garai finalement mon véhicule près d'une grosse poubelle, sur le parking d'un centre commercial, incapable de poursuivre ma route. Quand je me réveillais au matin, il me sembla avoir enfin compris en quoi l'Afghanistan m'avait transformée : une ordure, un déchet, un rebut.

La soirée avait avorté : nous n'arrivions simplement plus à parler du cauchemar que nous avions vécu. Toute tentative de paraître normaux au milieu du chaos que nous avions emporté avec nous apparaissait vaine, car le mensonge entre nous n'avait pas sa place. J'aurais pu choisir un virage et le vide, puisque j'étais parvenue au point final de toute cette histoire. L'idée m'en était venue, le plus lucidement et le plus clairement du monde. Je n'aurais eu qu'à incliner un peu le volant.

Je quittais mon parking infect en direction de l'Ardèche avec précaution, lentement. Je pesais chaque geste. J'avais faim, j'empestais la transpiration, je me sentais épuisée, complètement perdue, exsangue, au fond d'un abîme, et sans plus aucun espoir extérieur de sortir de cet état. Je ne pouvais plus compter sur personne désormais.

Un jour, la vie revint sans crier gare.

Alors que j'avais enfin osé redescendre de mes montagnes pour la ville de la vallée, je me surpris à regarder les boutiques. En contemplant mon reflet dans les vitrines, je trouvais des formes encore harmonieuses à mon corps que je maltraitais depuis si longtemps. Tandis que je me sentais comme une serpillère juchée sur deux jambes, je fus étonnée de constater que la petite robe rose que j'essayais dans une cabine lumineuse m'allait assez bien. Je repartis avec mon achat sous le bras, un sourire au coin des lèvres, et je décidais de me faire cadeau d'un bon repas avant de remonter dans ma tanière.

Mes soirées devinrent plus douces. L'été se poursuivait, comme fréquemment à cette période dans le sud de la France, et je pris l'habitude de revêtir ma nouvelle tenue pour m'offrir un apéritif solitaire sur ma terrasse à la tombée du jour. J'attendais quelqu'un qui ne risquait pas de venir, puisque ma cabane dissimulée dans les arbres se révélait introuvable de qui ne savait pas par où y accéder... Le coucher du soleil m'emplissait le cœur et le corps durant ces moments, et je recommençais à imaginer l'existence comme elle devait être vécue : passionnée, belle, pure, lumineuse. Ces instants demeuraient fugaces, mais je les recherchais de toutes mes forces.

Un soir, alors que j'achevais un repas solitaire, je décidai de sortir exceptionnellement de mon ermitage pour aller prendre un dernier verre au bar du hameau voisin. Je partis à pied le long de la route dans la chaleur encore lourde et parvins au café. Je pris place timidement sur une corniche qui surplombait la vallée et le barrage, et je restais là à contempler une nature éclatante, brute et terriblement vivifiante. Le patron bourru m'apporta mon martini rouge en grommelant des mots incompréhensibles que je renonçais à saisir. J'étais stupéfaite par la beauté simple et magique de cet endroit.

Une demi-heure plus tard, un peu rassérénée par ce premier pas plutôt réussi, je m'approchai du comptoir pour régler ma consommation et rentrer me coucher. Une bande de joyeux alcooliques occupés à enchaîner les tournées de pastis en s'invitant à tour de rôle m'interpella. Ils insistèrent pour me payer un coup à boire, et je me retrouvai de fait incluse dans leur jeu. Leur premier verre en entraîna un autre, puis un second, et je me soumis de bonne grâce au protocole en conviant à mon tour les gais lurons. Jamais je n'avais rencontré un groupe aussi disparate autour d'un zinc de café. Ils appartenaient à trois, voire quatre générations différentes, occupaient leurs journées de multiples emplois tous très étonnants et proches de la nature, clamaient leurs convictions plus ou moins confuses avec un accent qui chantait. Je ne comprenais que vaguement ce qu'ils me racontaient pourtant avec force et persuasion. J'avais l'impression d'être dans un pays étranger, un peu enchanté. De nouvelles personnes entraient dans le bar, puis en ressortaient après avoir avalé et payé plusieurs verres. Le noyau dur restait trois cinquantenaires visiblement insensibles à la boisson et deux jeunes gens d'une vingtaine d'années – deux frères à n'en pas douter – d'une beauté sauvage qui semblait hors du temps. Je tombais sous le charme de ces montagnards rugueux qui s'ouvraient à moi sans retenue. J'étais également en état d'ivresse avancée du fait des dizaines de kirs à la châtaigne que je venais d'absorber sans m'en être rendu compte. Je me laissais convaincre de les suivre en discothèque – un « Bob » sobre se présenta en la personne d'un alcoolique repenti qui ne consommait que du café. J'avais subitement terriblement envie de musique et de compagnie... Nous roulâmes près d'une heure pour atteindre la boîte de nuit la plus proche. Nous dansâmes comme des fous jusqu'à très tard. Le plus âgé des frères m'invita pour un slow – proposition que j'acceptais avec une effroyable timidité. Il me semblait si jeune, vingt-trois ans, tandis que je traînais mes vingt-sept ans comme un lourd handicap. Quelques pas inconséquents dans ses bras me réconcilièrent un peu plus avec la femme que j'avais égarée.

Le jour se levait quand notre petite voiture passa le dernier col avant le village. La beauté sauvage de la nature avait repris ses droits et le soleil rougeoyait à l'horizon. Une énergie toute neuve m'emplissait, et je n'avais aucune envie d'aller me coucher.

Quelques jours plus tard, j'organisais un barbecue et invitais toute la troupe. La soirée se déroula gaiment, ponctuée de chants et de danse, largement arrosée de kirs et de bière. Au bout de quelques jours, je connaissais tout le village. Je ne manquais jamais un apéritif au bar, et je compris rapidement que le patron était, malgré sa rudesse, un homme rare. La vie ne l'avait pas épargné, et fatigué par le bruit, il avait fini par décider de venir s'installer ici, un peu loin de tout. Il se tenait toujours prêt à rendre service et devint un bon ami même si une génération nous séparait.

Nous parlions de tout : de l'existence telle qu'on la vivait au « Nord » – pour eux, le nord commençait au nord de Lyon. Nous évoquions les petits potins du bourg, le canal d'irrigation et les chemins de randonnée, les olives, les abricots, les grillons, les hippies qui avaient envahi la vallée en soixante-huit. Ils me racontaient l'époque prospère des mines argentifères abandonnées tout près du hameau, me conseillaient des restaurants fameux à ne surtout pas manquer, des grottes préhistoriques découvertes près de Vallon-Pont-d'Arc et qui allaient bientôt supplanter celles de Lascaux.

La rude carapace de ces villageois tombait écaille par écaille, et je me sentais bien parmi ces gens qui cherchaient tout autant que moi la solitude tout en ne la supportant pas trop longtemps. Et qui respectaient mon silence. Je vivais seule dans mon abri, mais je n'y étais plus une sauvage. Je m'y trouvais davantage chez moi, maintenant que j'avais rencontré ceux qui l'entouraient, et qui me renvoyaient l'amour fou que je ressentais pour ce coin de France capable de soigner les pires blessures des hommes.

Je me sentais prête à rebondir grâce à l'accueil simple, fraternel et sans jugement que j'avais reçu. Ils avaient su me tendre une main bienveillante et c'est tout ce dont j'avais besoin.

Je pris le temps de laisser la sève de la vie couler en moi. Elle arrivait comme un ressac, se retirant parfois pour m'abandonner au désespoir. Mais elle repartait de moins en moins souvent. Ma blessure restait profonde, incisive, je n'osais pas m'enthousiasmer trop vite de peur de retomber brutalement. Alors je profitais de ces nouvelles heures chaque jour plus apaisées. Je sentais que je redevenais capable d'assumer mes décisions et ma poitrine se serrait à l'idée de devoir quitter bientôt mon refuge. Mais je savais au fond de moi que je devrais tôt ou tard poursuivre ma route et repartir, recommencer, rebâtir.

Je pris le chemin du retour par un matin ensoleillé. J'avançais craintive et hésitante, mais j'avais le cœur rempli d'une ardeur nouvelle.

J'arrivais en Lorraine quelques heures plus tard. Il pleuvait. Cela n'était pas étonnant pour la période, et cela m'était égal, la chaleur d'Ardèche était rentrée avec moi.

J'entrepris dès le lendemain de lancer les premières pistes de mon avenir et en revins à ce en quoi j'excellais : trouver un emploi à Luxembourg. Je consultais prioritairement les quelques offres disponibles dans le secteur de l'humanitaire, mais abandonnais immédiatement cette perspective : peu de postes étaient proposés, tous très exigeants, et qui ne correspondaient en rien à mon expérience. Je préférais tenter ma chance dans le domaine de la finance internationale. J'avais envie d'aller vite, et je me disais qu'à défaut de me passionner, ce milieu me permettrait au moins de voyager un peu. On me convoqua à chacune de mes candidatures et je décrochais rapidement une position d'auditeur interne européen. Je convainquais, je paraissais courageuse de rentrer ainsi d'Afghanistan. Et j'étais passée par tant de situations dramatiques que rien de ce qui m'était présenté en entretien ne me faisait peur. J'acceptais la première proposition quasiment sur-le-champ. Il me tardait de retrouver une appartenance sociale et de pouvoir habiter mon propre logement, de me déplacer à bord de mon véhicule, recevoir mes amis chez moi. J'avais surtout besoin de pouvoir répondre quelque chose à ceux qui me questionnaient sur mon occupation professionnelle. Je n'étais pas une poète, pas une artiste. Je devais obtenir des résultats concrets, rapidement – et je ne devais surtout pas réfléchir.

Louer un appartement fut un réel soulagement : j'allais à nouveau me sentir chez moi. La petite voiture que j'achetais dans un garage allemand eut raison de ce qui restait sur mon compte en banque, mais allait enfin me permettre d'aller où je voulais sans avoir à demander l'autorisation telle une enfant.

Après ces deux étapes, chaque pas de plus devint terrible tant il semblait m'éloigner de moi-même. Je me forçais, tentais de me modérer, me disais que je ne pouvais pas revenir à la réalité sans contrepartie. Le jour où je signais mon contrat de travail, je pleurai en sortant du bureau de la direction des ressources humaines : j'avais l'impression d'avoir vendu mon âme au diable en personne. Début octobre, je me lançais pourtant avec bravoure dans mon nouvel emploi.

Je m'efforçais de ne regarder que vers l'avenir. Je ne voulais surtout pas penser au sens de tout cela. Je devais retrouver le contrôle de ma vie, même si cela devait passer par des mensonges et des trahisons envers moi-même. Je pourrais toujours y réfléchir quand je me sentirai à nouveau en sécurité et chez moi.

J'aménageais coquettement mon vaste loft à côté de la frontière luxembourgeoise en y exposant tous mes souvenirs d'Afghanistan comme pour m'en entourer au plus intimement. J'accrochais mes plaids chatoyants au mur, affichais sous verre mes photos agrandies de la vallée du Panjshir, décorais mes meubles des bibelots antiques chinés dans *Chicken Street* et recouvris le sol de mes tapis de soie. Mon appartement semblait sorti des contes d'Aladin et j'étais ravie de m'y réfugier le soir après une journée de travail incroyablement ennuyeuse. Mon chef se méfiait de moi et ne me confiait en effet aucune tâche. Bien qu'il soit père de trois enfants en bas âge, il choisit, dès mon arrivée, de veiller jusqu'à deux heures du matin tous les jours pour finir ce que nous devions accomplir en équipe. Je l'envoyais promener vertement le jour où il osa en plus me reprocher de ne pas rester à côté de lui la moitié de la nuit pour le regarder s'échiner et il décida de ne plus m'adresser la parole. Je pris le parti de m'en moquer. Pour la première fois de ma carrière, j'adoptais une attitude de retrait dans le travail. Je remplissais mes journées de pauses interminables et profitais du système pernicieux de la pointeuse pour prouver ma présence, tout en ayant l'air débordée et importante. La machine indifférente de la grosse entreprise ne semblait pas savoir que j'existais. Comme mon chef accomplissait seul les tâches qui nous incombait à tous les deux de sa propre volonté tant il avait peur de perdre son poste, je m'en lavais les mains en ne lui proposant plus de l'aider. Je rencontrais au cours de ces pauses le directeur informatique de la société, qui allait devenir un ami très proche.

Après les lourdes responsabilités que j'avais gérées au cours de mes mois de mission, je ne comprenais plus ce que l'on attendait de moi. On m'avait pourtant choisie, car dans une multinationale qui cherchait des «gagnants», une expérience humanitaire représentait un atout important comme si oser risquer sa vie inutilement rendait les travailleurs sociaux plus capables. Je me demandais en quoi cette expérience pouvait me rapprocher, même de loin, aux requins animés par l'unique désir de posséder toujours plus que je côtoyais quotidiennement. Les fioritures du *Casual Friday* me faisaient secrètement rire : le vendredi, nous étions en effet autorisés à laisser nos tailleurs et nos costumes au placard pour nous habiller comme nous le voulions. Grâce à cette inepte coutume, nous n'étions pas tenus de nous déguiser pour venir au bureau une fois par semaine... Même ce jour-là, c'était la bataille de qui porterait le jean le plus à la mode ou le tee-shirt le plus original. Moi je n'attendais ce dernier jour que pour une seule chose : enfin pouvoir quitter au soir cette mauvaise pièce de théâtre dont je jouais le plus piètre des rôles. Souvent le lundi matin, j'étais obligée d'assister aux petits-déjeuners d'entreprise au cours desquels des prix étaient remis aux commerciaux les plus rentables du mois. Je n'avais qu'une envie : celle de poser une bombe sous une table et tout faire exploser, telle une terroriste.

Mon compte en banque pour sa part se portait mieux, et cela m'apportait une sécurité qui me soulageait néanmoins. Je ne m'étais toujours pas résolue à retourner dans les supermarchés. Par contre, je pouvais me permettre des heures merveilleuses avec des amis, en les invitant chez moi pour de longs repas ou en les rejoignant dans de bonnes auberges de la région. J'avais repris le sport et mon corps retrouvait son équilibre, même si mes kilos en trop s'accrochaient à moi comme pour me rappeler d'où je venais. Mes monstrueuses verrues aux doigts et aux pieds refusaient elles aussi de s'en aller malgré des traitements à l'acide de plus en plus violents. En dépit de tous mes efforts, les Balkans et l'Afghanistan faisaient désormais partie intégrante de ma personne.

Je rencontrais plusieurs jeunes hommes célibataires par l'intermédiaire d'un couple d'amis qui essayait de me rendre service, mais ils ne m'intéressaient pas. Je partais souvent le week-end pour me donner l'impression de toujours être en mouvement. Ma vie me semblait immobile. Grâce à une compagnie aérienne à bas prix installée en Allemagne, je visitais les plus belles capitales d'Europe avec curiosité, mais sans réelle passion. Je recherchais ce goût de l'aventure si particulier et si violent que j'avais pu ressentir lors de mes missions, mais ne le retrouvait nulle part. Ce temps était passé, me semblait-il, même si je refusais de l'admettre.

Je racontais peu ma vie d'humanitaire, car j'avais saisi de longue date que personne ne pouvait comprendre. Quand je commençais à en parler parfois, j'étais animée d'une telle passion que je laissais tout le monde dehors, devant la porte. Toute communication se révélait impossible, je partais ailleurs, à perte de vue, toujours seule. J'inspirais du coup une sorte d'admiration distante, on me prenait pour une aventurière courageuse. Si cela m'amusait au début, cela finit par m'horripiler tant ce que j'étais devenue était loin de ce passé pourtant si proche. D'un côté, je menais une existence dorée, inutile et confortable de cadre supérieur imposteur, de l'autre, le souvenir monstrueux, sale et misérable du travailleur humanitaire incapable que m'avaient renvoyé mes anciens employeurs me hantait. Derrière moi, une histoire insupportable. Devant moi, un inconnu terrifiant et inaccessible. Toutes les issues semblaient bouchées, j'évoluais dans une incompréhension et une solitude extrême.

Je me levais chaque matin avec une boule au ventre qui me rappelait mon échec, celui de mon expérience, celui de ma vie telle qu'elle était à nouveau en train de se dessiner, pavée d'indifférence et de non-sens. Jean, qui consultait régulièrement un psychologue pour se remettre de son drame, me relatait les conclusions qu'il en tirait : il était victime d'une « crise de la quarantaine » avant l'âge. C'était apparemment fréquent chez des jeunes qui avaient beaucoup souffert durant leur enfance du fait du décès ou du divorce de leurs parents ou d'abandon. Je me sentais quarantenaire aussi, avec déjà le poids d'une existence gâchée sur mes frêles épaules. Jean me rendit une visite surprise en Lorraine, pour m'annoncer qu'il avait décidé de rejoindre une nouvelle mission en Palestine. Presque tous mes collaborateurs d'Afghanistan étaient repartis sur d'autres fronts, en Afrique ou en Asie. J'enviais leur inconscience et leur capacité à absorber le travail et le stress, ainsi que les magnifiques expériences qu'ils devaient connaître, encore et toujours, tandis que je restais là, enchaînée à ma vie dorée tout en ne la supportant plus. Le fossé se creusait à la fois avec mes collègues humanitaires qui suivaient leurs aspirations de solidarité et mes relations luxembourgeoises qui vivaient satisfaites et sans révolte. Mes anciennes administratrices locales poursuivaient également leur lutte dans leur pays respectif, et j'avais le sentiment de les trahir elles aussi. J'éprouvais une telle honte de les avoir abandonnées que je répondais de moins en moins fréquemment à leurs mails enthousiastes – dire qu'elles se réjouissaient sincèrement pour moi d'avoir retrouvé si facilement un si bon emploi ! Tout le monde semblait satisfait : ma mère, ma famille, mes amis. Après une courte expérience, certes courageuse, j'étais redevenue celle que l'on attendait que je sois : une gestionnaire qui bientôt épouserait un charmant riche jeune homme à qui elle donnerait des tas d'enfants. Et ils vécurent heureux…

Je cherchais des issues de secours pour ne pas sombrer dans la folie. Je consultais des annonces d'emplois internationaux pour voir si je me sentais prête à repartir, pour tester ma motivation à tout abandonner à nouveau. Je contactais des ONG pour leur proposer des services bénévoles. Je passais un entretien à Lyon pour une place de *fundraiser* d'une organisation catholique dont les actions ne m'intéressaient pourtant pas du tout. Je m'interrogeais sur la pertinence de reprendre mes études, en géopolitique, en aide humanitaire, mais j'avais le sentiment de contourner mon problème personnel en évitant soigneusement de me remettre en danger. Les employeurs potentiels devaient en avoir conscience, car les postes les plus simples et abordables m'étaient refusés, même mes offres de bénévolat étaient déclinées.

Au-delà de ces réflexions, je réalisais que j'avais besoin de racines. Mon enfance s'était déroulée tristement et trop rapidement. J'avais manqué d'affection, de compréhension. Je me sentais tellement indigne d'être aimée depuis le suicide de mon père bipolaire et ses conséquences sur notre famille que je ne pouvais pas me contenter de fuir toujours et encore vers d'autres fronts. C'est sans doute ce qui me séparait aussi de mes collègues humanitaires intrépides. Ma vie se devait d'être ancrée quelque part, en Moselle de préférence. Moselle sinistrée, blessée, pauvre, refermée sur elle-même depuis la Seconde Guerre mondiale, remplie de ressentiment envers l'étranger, qu'il soit allemand ou maghrébin. Moselle, où peu de gens instruits restaient au pays, si peu ouverte à la culture, tellement grise et polluée. À la fois pleine de certitudes et de complexes d'infériorité. Elle me ressemblait. Je pouvais m'identifier à ce territoire de tranchées et de batailles. À cette fierté malgré tout, à cet esprit de revanche, à cette volonté sans faille de ne rien lâcher, à cet acharnement de travailleuse minutieuse. Moselle à la fois droite et ambiguë, bercée entre deux fronts, entre deux pays, deux cultures, deux façons de vivre. Je ne voulais pas quitter cette terre qui était mienne. Je souhaitais contribuer à la rendre belle.

Aussi, je déclinais les offres pour repartir en mission que je recevais finalement. La chance commençait à tourner, je me sentais plus forte. Je savais de mieux en mieux ce dont j'avais besoin : d'un challenge à la hauteur de mes longues études. Je devrais tenir compte de ma nécessité viscérale de lutter contre les injustices et de celle d'entrer en solidarité avec les enfants et les femmes les moins favorisés qui se battaient pour avoir une vie digne et un avenir plus brillant.

Je me réveillai un matin pluvieux et froid de fin novembre avec un sentiment de colère et de révolte qui irradiait chaque cellule de mon corps. Le besoin de travailler pour les exclus était devenu irrépressible, et la conclusion de mon affreuse expérience d'expatriation me tomba dessus au saut du lit comme une évidence : si les dirigeants de mon ancienne ONG avaient pu, alors moi aussi je pouvais...

Et j'y arriverais autrement, en faisant moins, mais mieux. J'allais créer une ONG. Celle-ci se voudrait belle, différente, fondée sur l'humanité, la solidarité, la complémentarité, la richesse commune, le partage. Je n'y laisserais aucune place au gâchis, à l'irrespect, à la violence gratuite, au mépris. Les volontés à l'œuvre dans leur propre pays en seraient les acteurs principaux. Ils seraient accompagnés, encouragés, mis en avant, financés pour réaliser leurs projets. L'amateurisme n'y serait pas accepté, mais la candeur et l'innocence pourraient s'y exprimer sans honte. Nous dépenserions de la meilleure des manières chaque euro qui nous serait confié, et le travail d'équipe y interviendrait puissamment et efficacement. Chaque collaborateur pourrait s'épanouir sans jamais être rabaissé. Tous les volontaires pourraient agir, à leur façon et avec leurs moyens. L'humain pourrait s'y retrouver dans une beauté universelle, une conscience commune de partager ce lien qui unit les habitants de cette planète dans ce qu'ils possèdent de plus admirables. Un rêve d'ONG.

À la seconde même où je pris la décision de créer une ONG, son objet social et son nom me parurent évidents, et elle vint au monde.

Tout s'imbriqua parfaitement, tout trouva une logique : à ma sortie d'école de commerce, j'ambitionnais de fonder une entreprise. Ce serait une organisation à but non lucratif. J'avais choisi la gestion comme spécialité, eh bien, je me sentais prête à piloter des milliers de projets. Mon cœur était blessé à force de rester ouvert face au vent, je ne me forcerai plus jamais à le fermer : il se nourrirait des choses positives qui seraient accomplies et se renforcerait. J'avais besoin de lutter contre les injustices, ce serait la mission de l'ONG que j'allais lancer. Je trouvais honteux de privilégier des expatriés jeunes au détriment des associations locales qui maîtrisaient mieux que quiconque leur terrain : j'allais miser sur le partenariat. Je voulais exercer ce métier de ma Moselle natale, la rendre plus belle : l'ONG serait créée en Moselle. Le Luxembourg voisin avait une politique en matière de développement international réellement efficace, une vraie conscience de ses enjeux, et une profonde volonté de participer à un changement positif, contrairement à la France et à ses dirigeants hypocrites. L'ONG serait enregistrée au Luxembourg, où je disposais d'un vaste réseau professionnel et dont je connaissais parfaitement la législation. Je n'étais pas encore arrivée au terme de ma période d'essai puisque j'avais signé un contrat de cadre : j'allais démissionner et bénéficier d'un temps de chômage pour lancer mon idée. J'avais honte d'écrire à Danijela, restée au Kosovo. J'allais immédiatement lui envoyer un e-mail pour lui annoncer que nous démarrerions nos projets au Kosovo, où bon nombre de familles roms et serbes déplacées continuaient de souffrir dans le dénuement. Je me trouvais célibataire et sans enfant : j'allais pouvoir consacrer ma vie entière à ce projet, et partir où je voudrais. Un enthousiasme fou a secoué tout mon être comme une évidence qui ne me quitterait jamais plus. Je me mis au travail avec passion.

Epilogue

*N*ous avons commencé nos activités comme prévu au Kosovo, où Danijela s'est immédiatement proposé de devenir notre relais local en créant une association humanitaire avec trois de ses meilleurs amis. Mon cher collègue informaticien accepta le poste de premier administrateur de PADEM, et décida de me faire don de deux mille euros. Je devais, avec cette somme offrir des cadeaux de Noël aux enfants vulnérables du Kosovo. Cette formidable marque de confiance sonna le top départ de notre travail. Je chargeai ma voiture de tout ce que je pouvais trouver en vêtements chauds et en jouets, pour lever les voiles vers l'ex-Yougoslavie accompagnée d'un de mes anciens camarades d'Afghanistan enthousiasmé par mon idée impossible. Après un voyage fou à travers toute l'Europe, nous rejoignîmes Danijela à Mitrovica. Avec son organisation DEA, la petite sœur de PADEM, nous avons mis en œuvre une dizaine de projets pour les minorités de la province et les jeunes en situation de handicap, dont un vient tout juste de s'achever, quinze ans plus tard. Danijela est à ce jour, et pour mon plus grand soulagement, la chef de la comptabilité de PADEM.

Mon cher ami Gaëtan rêvait depuis longtemps de partir en Mongolie : je décidais de l'accompagner afin d'aller à la recherche des adolescents des rues dont je fus touchée par le triste sort relaté dans un article de journal. Nous démarrons en 2018 un vaste programme à Oulan-Bator focalisé sur l'amélioration de l'habitat, après avoir soutenu les jeunes les plus vulnérables, les enfants porteurs de handicaps et les orphelins de ce magnifique pays aux steppes infinies.

Je rencontrais Pascal, mon mari, trois ans après la fondation de PADEM. Chef d'entreprise, il projetait de partir en Inde avec son associé pour lancer une nouvelle activité économique. Nous voyageâmes ensemble dans tout le Rajasthan. Tandis qu'il fouillait les salles d'exposition des grossistes en artisanat, je cherchais de mon côté des structures locales que nous pourrions accompagner... Et j'en trouvais des dizaines!

Puis le tsunami a emporté la moitié de la côte sri-lankaise, et je pris le parti de retourner dans ce pays doux que je connaissais un peu et qui m'avait tant touchée. C'est dans cette contrée merveilleuse que nous avons pu franchir un premier pas décisif. Après des mois de discussions, nous parvînmes à l'identification puis au financement d'un programme partenaire avec la Fondation Abbé Pierre. Le budget prodigieux que l'on nous octroya, extraordinaire pour une petite organisation comme la nôtre, donna naissance à un projet holistique d'une incroyable d'efficacité. Plus de quatre-vingt mille ouvriers des plantations de thé en bénéficièrent. Nous attaquâmes de front des domaines aussi variés que l'habitat, l'accès à l'eau, la construction de latrines, la mise en place de fonds de microcrédit, la formation professionnelle et la lutte contre le travail des enfants. C'est également ce programme ambitieux qui me permit de me salarier à mi-temps. La rémunération modeste que je m'octroyais m'autorisa enfin à cesser de courir après des contrats de consultance ou des emplois à mi-temps épuisants à Luxembourg. Je consacrais désormais tout mon temps et toute mon énergie à développer les nouvelles actions et pays d'intervention de PADEM. Aucun trésor au monde ne paraît plus précieux que celui d'être parvenue à cette liberté immense de pouvoir vivre de mon rêve!

Accompagnée de mon mari, je démarrais un projet au Kenya à l'appel de Gaëtan, touché par la situation des jeunes filles dans le bidonville de Kibera. Du Kenya, nous partîmes pour le Sénégal, puis à Madagascar. Échaudés par un accueil malsain au Cameroun, nous décidâmes d'échanger un billet d'avion pour Douala contre un vol en direction de Lima. Là, nous pûmes rencontrer des partenaires péruviens dans la région de Cuzco, ainsi que des associations boliviennes qui vinrent nous trouver. Là encore, les situations accablantes sont nombreuses. Les communautés andines exclues des bénéfices du tourisme qui pourtant abîme leur environnement vivent avec d'immenses contraintes pour se nourrir. Les jeunes filles, victimes des trafiquants sexuels brésiliens, doivent être épaulées. Les populations montagnardes, victimes innocentes du changement climatique mondial, ont besoin d'eau pour survivre.

Nous avons poursuivi et enrichi tous les partenariats identifiés au fur et à mesure, dans la confiance, dans l'altruisme, dans le désir de transformation positive pour ceux qui n'ont d'autres espoirs que nous. Je repris des études à plus de trente ans et rejoignis un master européen en assistance humanitaire à Bruxelles. Je pus ainsi revoir tous les concepts théoriques de mon nouveau métier.

La transparence financière reste pour moi un engagement majeur, aussi nous plions-nous chaque année à un audit complet de nos comptes. Le souci incessant de l'argent correctement dépensé hante mes nuits. Nos procédures de travail se veulent sérieuses et professionnelles. Toute la difficulté réside dans le fait de maintenir la souplesse et la chaleur malgré les contrats, les chiffres, les indicateurs de performance des actions et la nécessité de renforcement de nos capacités et de celles de nos partenaires.

Nous n'avons que très récemment déployé trois positions d'expatriés, en Afrique, au Sri Lanka, et en Mongolie, du fait des enjeux de coordination des dizaines de projets en cours. Nous devons rester attentifs à la corruption qui touche tous les niveaux de la population. Nous avons pour mission de toujours veiller à ne pas nous substituer aux opérateurs. Ne pas « faire à leur place », mais au contraire accompagner leur développement, leur donner des outils et des ressources, afin d'éviter toute dépendance. Les ONG locales sont et doivent demeurer les seuls acteurs de demain dans leur pays.

PADEM vient de fêter ses quinze ans d'existence. Quelques dizaines de milliers de bénéficiaires plus tard, je dois avouer que ce pari s'est révélé insensé – tout comme la gestion de cette machine à activités et à partenaires qu'est devenue notre organisation. J'ai eu droit à de nombreuses remarques décourageantes : « Je ne comprends pas qu'on crée encore une ONG en 2002 à Luxembourg. » Ou mieux : « Je ne lui fais pas confiance, tu as vu l'âge qu'elle a ? ».

Aujourd'hui, tandis que nous avons achevé plus de deux cents programmes et que notre rythme de croisière croît d'une trentaine de nouveaux projets tous les ans, notre bataille la plus compliquée consiste à rester humains, toujours et malgré tout. La pression budgétaire se joue constamment, et équilibrer les comptes annuels est un bras de fer quotidien dans lequel nous ne devons rien lâcher. Les défis sur nos terrains d'intervention qui se déploient sur cinq continents désormais s'accentuent avec notre époque si peu partageuse. La situation de nos populations bénéficiaires s'aggrave année après année du fait des changements climatiques considérables et rapides qui touchent en premier les plus pauvres. La spéculation financière internationale, qui ne profite qu'à une poignée de personnes en laissant tous les autres dans la misère, place des fonds en misant sur la hausse du prix des céréales, et donc sur la faim dans le monde. Quand on pratique ce métier, on croit marcher sur la tête en entendant ces faits avérés qui ne révoltent que quelques rêveurs.

L'argent se trouve, puis disparaît, en fonction des politiques internes de nos bailleurs ; nous embauchons les équipes, puis elles repartent, car recruter à long terme avec les charges sociales étouffantes du système français est impossible ; les partenaires que nous devons accompagner sans les rendre dépendants connaissent souvent des difficultés d'autonomisation et sont eux aussi victimes d'erreurs humaines et de corruption. Bref, tout ne va pas pour le mieux dans le meilleur des mondes...

Une image me vient : celle du train de la vie décrit par Jean d'Ormesson. À bord des rames PADEM, de nombreuses personnes sont montées, beaucoup en sont descendues, un peu transformées parfois. Les plus déterminantes sont restées à bord, progressent sur le chemin et guident le convoi que j'essaie de faire avancer de toute mon énergie. Chaque wagon est un pays, et le véhicule s'allonge, grandit. Chaque partenaire local est un voyageur qui porte l'espoir vers ses bénéficiaires. Chaque bénévole, chaque sympathisant qui croit en nous est un passager. Tout au long du parcours jusqu'à aujourd'hui, nos souvenirs sont peuplés de merveilleuses rencontres humaines, de contes de fées de temps à autre, du besoin de crier contre l'injustice. Et d'agir, tous ensemble, pour rendre cette planète plus habitable et plus fraternelle. J'ai connu également beaucoup de désillusions, beaucoup de fatigue et le sentiment parfois de perdre le cap ou de trop en mettre sur mes épaules. J'ai essuyé beaucoup de coups dans le dos, d'abus de confiance, de méchanceté...

Mais rien n'a jamais ébranlé ma conviction et mon désir de plus en plus fort d'avancer au fur et à mesure de nos réussites.

Dans toute cette béatitude et devant les remerciements nourris de nos bénéficiaires, nous ne devons jamais commettre l'erreur de nous prendre pour un sauveur. Nous ne représentons que des instruments, des outils. Jamais nous ne pouvons oublier la simplicité, l'humilité, la modestie. Ni le partage et la fraternité avant toute chose. Nous devons à l'infini nous sentir l'égal de l'autre dans notre immense humanité universelle, peu importe de quel côté de la barrière nous nous trouvons : du côté de celui qui donne ou de celui qui reçoit. L'échange va toujours dans les deux sens. Souvent, celui qui sert est le plus heureux des deux.

Aujourd'hui, et depuis sa création, PADEM n'existe pas sans ses partenaires. PADEM compte une dizaine de salariés, mais surtout une cinquantaine d'organisations locales qui agissent avec des valeurs proches et dans le même sens que notre équipe. PADEM n'est pas une ONG qui se targue d'envoyer des centaines d'expatriés inexpérimentés à travers le monde pour « aider » des populations en souffrance. Qui ne sait plus quoi acheter avec son argent, et qui hésite entre construire un second centre de formation en Afrique du Sud ou agrandir son siège social de plusieurs millions d'euros. PADEM ne veut prospérer que de sa plateforme de partenaires. Que du nombre et de la satisfaction de ses bénéficiaires, de la valeur de ses projets, de la confiance de ses donateurs, du partage toujours plus fort avec ses bénévoles et ses sympathisants.

Le rêve de PADEM demeure simple : il est celui de cesser un jour d'exister. Même si ce jour reste loin. J'ai presque consacré la moitié de ma vie à ce rêve. J'ai commencé le combat à vingt-sept ans. On s'est moqué de mon jeune âge, et celui-ci m'a forcément handicapée quand je devais convaincre des bailleurs. Aujourd'hui, j'ai quarante-trois ans, mon expérience se construit chaque jour, et je sais que j'ignore encore tout. Je ne suis jamais retournée en Afghanistan. Mon cœur reste grand ouvert, à perpétuité. Ma volonté de lutter demeure intacte.

Et le train PADEM recherche à l'infini de nouveaux voyageurs...

SOMMAIRE

Avant 11

Balkans 33

Afghanistan 53

Retour 79

Epilogue 105

Pour toute information relative à PADEM :
www.padem.org

Une partie des droits d'auteur sera reversée à PADEM pour poursuivre la lutte « tous ensemble ! », comme lance constamment mon petit garçon, du haut de ses trois ans.